A. IMMIGRATIE.

SPECIALE WETGEVING

OP DE

IMMIGRATIE EN KOLONISATIE

VAN

SURINAME

BOEKHANDEL EN DRUKKERIJ
VOORHEEN
E. J. BRILL
LEIDEN.

SPECIALE WETGEVING

OP DE

IMMIGRATIE EN KOLONISATIE

VAN

SURINAME.

VOORWOORD.

Aan een herdruk van de verschillende geldende algemeene verordeningen in zake immigratie bestond reeds lang behoefte.

Door deze niet-officieele uitgave is getracht aan die behoefte te voldoen.

De hierbedoelde verordeningen werden op twee uitzonderingen na chronologisch gerangschikt; de eerste uitzondering betreft het tractaat, geplaatst vóór het Koninklijk Besluit van 1872 N°. 27; de tweede uitzondering betreft de verordening tot invoering van een geneeskundige belasting, die geplaatst is achter de immigratiefonds-verordening en vóór die tot invoering van een hoofdgeld.

Van alle verordeningen is de thans geldende tekst gegeven, terwijl men in een noot de verordeningen vermeld vindt, waarbij de oorspronkelijke tekst werd gewijzigd.

Als bijlagen zijn bij elke verordening de uitvoeringsbesluiten vermeld, alsmede wat daartoe eigenaardig scheen te behooren.

INHOUD.

A. IMMIGRATIE.

B. KOLONISATIE.

1861.   N°. 1.

PUBLICATIE

van den 12den Maart 1861;

betreffende een Tarief van Werktaken en Loonen voor vrije arbeiders.

IN NAAM DES KONINGS!

DE GOUVERNEUR DER KOLONIE *SURINAME*,

Allen, die deze zullen zien of hooren lezen, Salut! doet te weten:

In overweging hebbende genomen, dat de ondervinding de noodzakelijkheid aangetoond heeft tot vaststelling en afkondiging van een Tarief van Werktaken en Loonen voor vrije arbeiders, ter naleving door planters en werklieden;

of wel, om hun, voor zoover zij daarvan bij vrijwillige overeenkomsten mogten willen afwijken, tot leiddraad te dienen;

Den Kolonialen Raad gehoord;

Heeft goedgevonden en verstaan:

Krachtens de daartoe verleende magtiging des Konings:

Eerstelijk. Bij deze vast te stellen en af te kondigen het navolgende:

Tarief van Werktaken en Loonen voor vrije arbeiders.

Artikel 1.

Op alle plantages en gronden.

Centen.

a. Onderbosschen in staandbosch, of oude cappewerie:
10 ketting lengte, 11 voet breedte . . .   60

b. Vellen van jonge cappewerie:
5 ketting lengte, 11 voet breedte naar gelang van het land en de ruigte . 70 à 100

c. Vellen van cappewerie, zwaar hout of zoogenaamd maagdbosch:
Per akker, 12 hoofden 100

d. Lakken, of het afkappen van de takken van den stam:
5 ketting lengte, 11 voet breedte . . 50 à 80

e. Opruimen, of op hoopen leggen van het gevelde, met uitzondering van den stam, wanneer gebrand wordt:
5 ketting lengte, 11 voet breedte   80

1

Centen.

wanneer niet gebrand wordt:

2¼ ketting lengte, 11 voet breedte .   80 à 100

f. Delven van kleine trenzen in nieuw land.

Eerste schop, ter diepte van niet minder
dan 6 duim, met de uitroeijing van ligte
en de weghakking, voor zooveel noodig, van
zware boomstompen:

2¼ ketting lengte, 2¼ voet breedte . . . 100

Tweede schop, ter diepte van 9 duim:

3¼ ketting lengte, 2¼ voet breedte . . . 100

Derde schop, ter diepte van 9 duim:

5 ketting lengte, 2¼ voet breedte . . . 100

g. Delven van nieuwe ponten trenzen:

500 voet lengte, 1 voet breedte, 9 duim diepte   80

Doch voor de éérste schop minder, voor
zoover de droogte, of de aard van het land
dit vereischt.

De grond te werpen over de bovenste
bank of op behoorlijken afstand, naar gelang
van de diepte.

Tot uitroeijing van boomstompen wordt
afzonderlijk werkvolk gebezigd.

h. Achteruitwerken van den grond, den 3den
of uiterlijk den 4den dag na het uitwerpen
— tot minstens 10 voet afstands van de
plaats waar de grond ligt:

1 man de hoeveelheid grond welke door
2 uitgeworpen is   80

Dit werk na den 4den dag geschiedende,
compagniewerk.

i. Ophalen, of opdelven, van trekkers in
vasten grond:

800 voet lengte, 1 voet breedte, 9 duim diepte.   100

k. Ophalen of opdelven, van kleine trenzen in
vasten grond:

5 ketting lengte, 2¼ voet breedte . . . 100

l. Ophalen, of opdelven, van pontentrenzen:

800 voet lengte, 1 voet breedte, 9 duim diepte.   100

m. Uitmodderen van de trenzen met de mod-
derschop, of met het werktuig pokro genaamd, de modder uit te werpen over de
bovenste bank, of op behoorlijken afstand,
naar gelang van de diepte:

1000 voet 100

n. Omspitten van den grond, ter diepte van

Centen.

9 duim, naar gelang van de droogte, of den
aard van het land:
1800 à 1500 ☐ voet 100

o. Omslaan van den grond met het houweel,
ter diepte van 7 duim, naar gelang van de
droogte, of den aard van het land:
2400 à 2100 ☐ voet 100

p. Slegten van omgeslagen of omgespitten grond,
naar gelang van den aard des gronds:
4800 à 3600 ☐ voet 100

q. Afmaaijen, zoogenaamd waaijen van savannen,
naar gelang van het wied:
7200 à 5400 ☐ voet 60

r. Afmaaijen van zij- of grenslijnen en behoorlijk opruimen van het wied, met het
schoonmaken van de loostrens:
2 ketting lengte, ¼ ketting breedte . . . 60
Zonder het schoonmaken van de loostrens:
3 ketting lengte, ¼ ketting breedte . . . 60

s. Dienst op vaartuigen, het laden en lossen
daaronder begrepen, per dag:
voor mannen 80
„ jongens 60
Na zons ondergang, per uur werks:
voor mannen 10
„ jongens 8
De persoon die belast wordt met het
bewaken van het vaartuig bij nacht, heeft
regt op het loon voor het uur werks bepaald.

Op de Suikerplantages.

t. Delven van rietgaten in cappewerieland;
de bedden berekend 20 voet breed, de
gaten 2¼ voet breed en 9 duim diep, naar
gelang van weersgesteldheid en grond:
10 à 12 gaten 100
Wanneer de bedden, of de gaten, breeder
of smaller zijn, wordt de taak geregeld in
verhouding tot 500 à 600 ☐ voet à 9 duim.

u. Delven van rietgaten bij herplanting, naar
gelang als voren:
12 à 15 gaten 100
of 600 à 750 ☐ voet à 9 duim.

v. Delven van rietgaten, in omgeslagen of

Centen.

omgespit land met het houweel, ter diepte
van 6 à 7 duim:
20 à 25 gaten 100
of 1000 à 1250 ☐ voet à 9 duim.
In niet omgeslagen, of niet omgespit land,
16 à 20 gaten 100
of 800 à 1000 ☐ voet à 9 duim,
een en ander, naar gelang als voren.

w. Planten en dekken van riettoppen:
2 roo of rei, 600 voet per hoofd, zonder
dat de toppen op de dammen tusschen
de gaten aangebragt zijn, naar gelang van
weersgesteldheid . . . . 60 à 80
De toppen op de dammen tusschen de
gaten aangebragt zijnde, naar gelang als
voren . . . . 40 à 60
Tot het losmaken van den bodem der
rietgaten afzonderlijk werkvolk te bezigen.

x. Suppleren van rietgaten, naar gelang van
de meerdere of mindere hoeveelheid sup-
pleisels vereischt:
Compagniewerk 100

ij. Wieden van jong riet, naar gelang van
omstandigheden:
6¾ à 5 ketting lengte, 11 voet breedte . 60

z. Wieden en grond aangeven:
5 ketting lengte, 11 voet breedte . . . 60

aa. Trassen van riet:
10 ketting lengte, 11 voet breedte . . 60

bb. Wieden en trassen van riet:
6¾ ketting lengte, 11 voet breedte . . 60

cc. Kappen en uitdragen van riet, de stokken
van 4 voet lengte, wanneer de pontetrenzen
op omstreeks 5 à 6 ketting afstand van
elkander zijn:
de vaam van 4 voet hoogte en 16 voet lengte. 80
Wanneer de pontetrenzen op grooteren
afstand van elkander zijn, tot omstreeks
10 kettingen:
de vaam van 4 voet hoogte en 12 voet lengte. 80

dd. Transporteren van riet, zoo noodig met
laden en lossen, bemanning der ponten
en getal vrachten, naar gelang van afstand
en water.
Voor mannen 100

Centen.

Voor jongens naar gelang van hunne
  grootte . . . . 32 à 50

ee. Tras in roo halen en het afdisselen van
rietstoelen, naar gelang er al dan niet gebrand is:
10 ketting lengte, 11 voet breedte, 5 ketting lengte, 11 voet breedte 60

ff. Arbeid bij de malingen.

Suikerkokers en vuurstokers, van 6 uur
des morgens, tot 6 uur des avonds, per uur. 8
(gedurende dien tijd hun maal gebruikende).
Vóór 6 uur des morgens en na 6 uur des
avonds: per uur 10

moetende de suikerkokers en vuurstokers
elkander bij beurten afwisselen.

Voor allen verderen arbeid bij de malingen, van 6 uur des morgens, tot 6 uur des
avonds, (met 1¼ uur rust tusschentijds),
per uur werks:
voor mannen 8
  „ vrouwen 6
  „ kinderen, naar gelang van hunne
krachten . . . . 2 à 4.

Vóór 6 uur des morgens en na 6 uur des
avonds: voor mannen 10
  „ vrouwen 8

gg. Arbeid in of tot de stijlerij, van 6 uur
des morgens tot 6 uur des avonds, (met
1¼ uur rust tusschentijds), per uur werks:
voor mannen 6
  „ vrouwen 4¼
  „ kinderen naar gelang van hunne
krachten . . . . 1½ à 3

hh. Kappen van brandhout en stapelen in
vamen langs de vaart tot op een afstand
van 200 voet, per vaam berekend à 5 om 5
en het hout 3 voet lang, in geveld hout. 80
in staand bosch, of cappewerie goedhout . 100
in hardhout, Parowa of Mangro . . . 125
Wanneer de afstand naar de vaart grooter
is dan 200 voet, voor elke 25 voet verder 5

ii. Kappen, splijten en naar de loods of werkplaats brengen van suikervaten, duigen
of bodems:
100 stuks 100

Centen.

Kweelen van suikervaten, duigen of bodems:
100 stuks 100
Opzetten van suikervaten, tot den inhoud
van 1500 pond netto:
per vat 50

Op de Koffijplantages.

kk. Opzoeken, dragen en verplanten van jonge
plantsoenen (zoogenaamd vingerplantsoen):
Compagniewerk 60

ll. Maken van gaten ter verplanting van
jonge plantsoenen:
100 stuks 50

mm. Uitdelven van jonge koffijboomen, aandragen en verplanten:
Compagniewerk 80

nn. Maken van gaten en de verplanting tevens:
Compagniewerk 80

oo. Suppleren van koffijstukken:
Compagniewerk. 80

pp. Wieden van koffijstukken, of koffij en
banannen stukken; het schoonmaken van
banannenboomen en het afsnijden van
de rankgewassen der koffijboomen daaronder begrepen, naar gelang van het wied:
10 ketting lengte, 11 voet breedte; 7¼ ketting lengte, 11 voet breedte 60

qq. Zuiveren van koffijboomen:
Compagniewerk 80

rr. Op stomp kappen van koffijboomen:
Compagniewerk 80

ss. Plukken, malen en wasschen der koffij:
Compagniewerk 60
Vóór 6 uur des morgens en na 6 uur des
avonds, per uur:
voor mannen 8
„ vrouwen 7

tt. Stampen van koffij, per werkuur . . . 10

uu. Lezen of pikken van koffij.
Witte bast, per pond 1
Zwarte bast, per pond 1½

Op Katoenplantages.

vv. Afmaaijen, zoogenaamd waaijen van birie-
birie-land, naar gelang van het wied:

Centen.

20 ketting lengte, 11 voet breedte; 12 ketting lengte, 11 voet breedte. 60

ww. Planten van katoenstukken, met de lijn
met afgedeelde knoopen, en alsdan de
stokken er bij te steken:
Compagniewerk 50

xx. Suppleren van katoenstukken:
Compagniewerk 50

yy. Wieden van katoenstukken, naar gelang
van het wied:
10 ketting lengte, 11 voet breedte; 7½ ketting lengte, 11 voet breedte 50

zz. Dunnen van katoenstukken, naarmate de
planten uitgesproten en gegroeid zijn:
1 akker, ¾ akker, ¼ akker 50

aaa. Snoeijen en zuiveren:
1 akker. 80

bbb. Toppen:
1 akker. 40

ccc. Plukken:
Compagniewerk 50
of ter keuze van den arbeider, per pond
om pitten 1

ddd. Malen met den trapmolen, of met den
molen met metalen en krukken:
30 pond 90

eee. Schoonmaken en kloppen:
40 pond 80

fff. Zuiveren, of schoonmaken zonder kloppen:
60 pond 90

Op Cacaoplantages.

ggg. Planten met zaad:
1 akker. 60
planten van jonge boompjes, met het
maken der gaten:
150 boompjes. 80

hhh. Wieden, daaronder begrepen het zuiveren
der boomstammen van rankgewassen, naar
gelang van het wied:
12 ketting lengte, 11 voet breedte; 10
ketting lengte, 11 voet breedte . . 60

iii. Zuiveren, in stukken waar de boomen
niet ouder zijn dan 5 jaren, 200 boomen;
in oudere stukken, 150 boomen . . . 80

Centen.

kkk. Plukken, schoon te leveren, naar gelang
van het dragen der boomen.
75 à 50 pond . . . . à 1 à 1¼

Op Banannengronden.

lll. Delven van banannen gaten, ter diepte
van 18 duim en ter wijdte van 18 duim
diameter:
80 à 100 gaten . . . . à 1

mmm. Uitdelven van plantsoenen en het uitdragen der plantsoenen tot den afstand
niet verder dan 10 kettingen, met de
vulling der uitgedolven gaten:
160 à 200 plantsoenen . . . . . à ½
zonder het vullen der gaten:
240 à 300 plantsoenen . . . . . à ½

nnn. Aandragen van plantsoenen. Op een afstand niet verder dan 10 kettingen:
300 à 400 plantsoenen . . . . . à ¼
Bij grootere afstanden, minder plantsoenen
en hooger loon.

ooo. Planten of suppleren, met het vullen der
gaten en aanstampen van den grond.
160 à 200 gaten . . . . à ½

ppp. Wieden en schoonmaken, naar gelang van
het wied:
10 ketting lengte, 11 voet breedte; 5 ketting lengte, 11 voet breedte . . . . à 60

qqq. Kappen en dragen der bossen banannen
tot aan de vaart, op een afstand niet
verder dan 10 kettingen, benevens het
naar het einde der vaart vervoeren en
lossen:
80 à 100 bossen . . . . à 1
Het kappen en uitdragen der bossen
tot aan de vaart, op verderen afstand
dan 10 kettingen; voor elken ketting-
afstand meerder, 4 à 5 bossen minder en
het loon verhoogen met . . . . . . $\frac{1}{10}$

rrr. Dragen van bossen banannen, van het
einde der vaart naar de landingsplaats.
Voor elke ketting-afstand per bos . . $\frac{1}{10}$
Dit werk verrigtende vóór 6 uur des
morgens of na 6 uur des avonds, per bos. $\frac{1}{16}$

Centen.

Op de Houtgronden.

sss. Vellen van boomen om tot planken te worden gezaagd. Per boom:

van 15 duim diameter	20
„ 15 tot 20 duim	30
„ 20 „ 25 duim	40
„ 25 en meerder	50

ttt. Afkappen en · kweelen van bruinhart, bolletrie of ander hardhout. Per strekkende voet:

tot 9/9 duim	2
„ 12/12 duim	3
„ 18/18 duim	5
„ 24/24 duim	8
boven 24 duim	10

uuu. Kweelen van lastdragers-gespen :
10 voet lang, 5/6 à 6/7 duim dik. . . à 15

vvv. Kweelen van matrozen-ponten-gespen :
12 à 15 voet lang, 7/8 à 8/9 duim dik. à 25

wwww. Kappen en kweelen van matrozen-ponten-knieën :
5 voet lang aan weerszijde, 8—9 duim dik. à 75

xxx. Kappen en kweelen van lastdragersknieën :
3 voet lang aan weerszijde, 5/6 à 6/6 duim dik . . . . à 30

ÿÿÿÿ. Kappen van sparren :

van 20 voet lengte	3
„ 25 „ „ · · · · · · · ·	4
„ 30 „ „ · · · · · · · ·	5
„ 35 „ „ · · · · · · · ·	6

zzz. Kappen en splijten van palissaden-latten van 2 duim breedte:

van 15 voet lengte	à 1
„ 20 „ „ · · · · · · · ·	à 1¼

aaaa. Kappen en kweelen van riemen:

van 15 voet lengte	à 25
„ 25 „ „ · · · · · · · ·	à 40

bbbb. Krassen van blokken van onderscheidene lengte Per blok:

van 15 duim diameter	30
„ 15 tot 20 duim diameter	40
„ 20 „ 25 „ „ · · · ·	50
„ 25 duim en meerder	60

cccc. Kweelen van wane, ceder, pisie en copie-

Centen.

blokken, om tot planken te worden gezaagd. Per strekkende voet:

van 16 duim breedte 2
„ 16 tot 24 duim breedte 3
„ 24 duim en meerder. 4

dddd. Zagen van planken:
Tot 12 duim breedte, 75 voet lengte,
per zager 80
Bij meerdere breedte, naar evenredigheid
minder lengte.

eeee. Opzetten van blokken, met het maken
van barbakotten.

van 30 voet lengte 100
„ 30 tot 45 voet lengte 150
„ 45 tot 60 „ „ 200
Wanneer de barbakotten vooraf gemaakt zijn:
van 30 voet lengte 75
van 30 tot 45 voet lengte 100
„ 45 tot 60 „ „ 150

ffff. Kappen van barbakothout, tot het opzetten van 1 blok 25

gggg. Dragen van planken:
Voor elk ¼ uur afstand:
1 duims 15 voet lengte 4
„ 20 à 30 voet lengte 8
1¼ duims 20 voet lengte 12
„ 25 à 30 voet lengte 16
„ 35 voet lengte 20
„ 40 voet lengte 25

hhhh. Maken van cingels, gestapeld volgens
boschmerk.
13¼ voet lengte, 40 cingels hoogte, per
mille 500

iiii. Bejaarden, jongens en meisjes, die tot
het bewerken van hout, of het dragen
van planken, niet geschikt zijn, gebezigd
wordende tot het dragen en vervoeren
van cingels, sparren, gespen, knieën en
dergelijken,
naar hunne jaren en ligchaamskrachten,
per dag . . . . 20 à 50

Art. 2. De arbeiders zijn verpligt, daartoe op-
geroepen, beurtelings des nachts de wacht te
houden; de nacht ten deze gerekend van 8 ure

des avonds tot 5¼ des morgens. Per man 60 cent.

Art. 3. Alle onvoorziene en in dit tarief niet opgenoemde werkzaamheden, worden beloond naar den maatstaf van het loon, voor gelijksoortige werkzaamheden bepaald.

Art. 4. Alle compagniewerken vangen aan des morgens ten 6 ure en eindigen des avonds ten 6 ure, met inbegrip van 2 uren rust.

Bij alle dergelijk werk, zal echter de huurder bevoegd zijn om voor den verzuimden tijd, tengevolge van het te laat aanvangen, of te vroeg staken van den arbeid, het loon in evenredigheid te verminderen.

Art. 5. Boven de hiervoren bepaalde loonen, hebben de arbeiders aanspraak op vrije woning en geneeskundige verpleging, zonder meer.

Art. 6. Het uitbetalen der verdiende loonen zal moeten geschieden, wekelijks des Maandags na den afloop van het werk.

Art. 7. De arbeiders zijn verpligt zelven voor het aanschaffen en onderhouden van hunne veldgereedschappen te zorgen.

Art. 8. De voetmaat in dit tarief bepaald, is de in de kolonie gebruikelijke Rhijnlandsche.

De ketting houdt: 66 Rhijnlandsche voet.

De akker houdt: 10 ketting in lengte en 1 ketting in breedte, of wel 43,560 □ voet.

Ten tweede. Te bepalen, dat van dit tarief bij vrijwillige overeenkomsten mag worden afgeweken en het alleen dan moet worden nageleefd, wanneer zoodanige overeenkomsten niet bestaan.

En zal deze op de gebruikelijke wijze worden afgekondigd en in het Gouvernementsblad geïnsereerd.

Paramaribo, den 12en Maart 1861.

VAN LANSBERGE.

Ter Ordonnantie van den Gouverneur,

De Gouvernements-Secretaris,

E. A. VAN EMDEN.

Gepubliceerd den 15en Maart 1861.

De Gouvernements-Secretaris,

E. A. VAN EMDEN.

1863. N°. 12.

GOUVERNEMENTS-BLAD.

RESOLUTIE

van den 29sten April 1863, N°. 2;

*waarbij afgekondigd wordt het Koninklijk Besluit van
den 19den Maart 1863 N° 71 met de daarbij vastgestelde verordeningen betreffende het toezigt — en het
uitloven van Staatswege van premiën — op den aanvoer van vrije arbeiders in Suriname* [1]).

DE GOUVERNEUR DER KOLONIE *SURINAME*,

Ontvangen hebbende bij missive van den Minister van Koloniën, dd. 28 Maart 1863 L^a B.
N°. 32/111, een afschrift van het Koninklijk Besluit
van den 19en dier maand N°. 71, houdende vaststelling van twee verordeningen, het eene *betreffende
het toezigt* — en het andere, *betreffende het uitloven
van Staatswege van premien* — *op den aanvoer van
vrije arbeiders in Suriname;* ten einde daaraan de
noodige bekendheid en uitvoering te geven;

Den Kolonialen Raad gehoord;

Heeft goedgevonden en verstaan:

Bij deze afkondiging te doen van het vermeld
Koninklijk Besluit en van de twee daarbij vastgestelde verordeningen, alsmede van de wet van den
28en Junij 1816, Staatsblad N°. 32, en van het Koninklijk Besluit van den 1en Augustus 1861, Staatsblad N°. 62, beiden aangehaald in de eerstgemelde
dier verordeningen.

19 Maart 1863. N°. 71.

Wij Willem III, bij de gratie Gods
Koning der Nederlanden, Prins van
Oranje-Nassau, Groot Hertog van
Luxemburg, enz., enz., enz.

Op de voordragt van Onzen Minister van Finantien,

---

1) Van deze twee verordeningen is alleen de tweede van
actueel belang en daarvan nog slechts de opgenomen artikelen.

tijdelijk belast met het beheer van het Departement van Kolonien, van den 22sten Januarij 1863, lit. B, N°. 26;

Den Raad van State gehoord (advies van den 3den Februari 1863, N°. 2);

Gezien het nader rapport van Onzen Minister van Kolonien van den 17den Maart 1863 lit. B, N°. 1;

Gezien art 4 der wet van den 8sten Augustus 1862 (Staatsblad N°. 164),

Hebben goedgevonden en verstaan, vast te stellen de navolgende verordeningen, als:

1°. eene betreffende het toezigt op den aanvoer van vrije arbeiders in Suriname;

2°. eene betreffende het uitloven van Staatswege van premien op den aanvoer van vrije arbeiders in Suriname, zooals die hiernevens zijn gevoegd

Onze Minister van Kolonien is belast met de uitvoering dezes, waarvan afschrift zal worden gezonden aan onzen Minister van Finantien, aan de Algemeene Rekenkamer en aan den Raad van State.

's Gravenhage, den 19den Maart 1863.

(*get*) WILLEM.

De Minister van Kolonien,
(*get.*) J. D. FRANSEN VAN DE PUTTE.

VERORDENING betreffende het toezigt op den aanvoer van vrije arbeiders in Suriname.

HOOFDSTUK I.

Van de vrije arbeiders en hunne werving als emigranten.

Art. 1.

Onder emigrant wordt bij deze verordening verstaan een persoon, die uit vrijen wil het land zijner herkomst of inwoning verlaat, om, overeenkomstig een ter zake aangegaan contract, voor een bepaald aantal jaren in Suriname veld- of fabriekarbeid ten dienste van derden te verrigten.

HOOFDSTUK VII.

Van het toezigt over de immigranten.

Art. 18.

De immigranten staan onder bescherming van het Koloniaal Bestuur.

SLOTBEPALINGEN.

Art. 19.

De immigranten genieten alle burgerlijke regten, welke aan de ingezetenen zijn toegekend.

De tarieven op werktaken en loonen voor vrije arbeiders zijn op hen toepasselijk, indien zij deswege geene bijzondere overeenkomsten met hunne huurders hebben gesloten.

Na vervulling hunner werkovereenkomsten worden aan de immigranten gronden afgestaan, overeenkomstig de verordening regelende de voorwaarden, waarop de vestiging van personen of gezinnen als landbouwers in de kolonie Suriname zal kunnen plaats hebben.

Art. 22.

Bij het overlijden der ouders draagt het Koloniaal Bestuur zorg voor de nagelaten kinderen van immigranten, indien zij in behoeftigen staat verkeeren.

Behoort bij Koninklijk Besluit van den 19den Maart 1863, N°. 71.

Mij bekend,
De Minister van Kolonien,
(get.) J. D. FRANSEN VAN DE PUTTE.

1872.   N°. 14.

GOUVERNEMENTSBLAD DER KOLONIE SURINAME

PUBLICATIE

van den 27 Mei 1872,

*waarbij wordt afgekondigd het Koninklijk Besluit van
den 17 Maart 1812 (Staatsblad N° 16) bepalende de
plaatsing in het Staatsblad van de tusschen Nederland
en Groot-Brittannie op den 8en September 1870 te
's Gravenhage gesloten overeenkomst, betreffende de
immigratie van vrije arbeiders uit Britsch-Indie naar
de kolonie Suriname.*

IN NAAM DES KONINGS!

DE GOUVERNEUR VAN *SURINAME*,

Van 's Konings wege den last ontvangen hebbende tot afkondiging van onderstaand Koninklijk
Besluit:

Wij Willem III, bij de gratie Gods, Koning
der Nederlanden, Prins van Oranje-Nassau, Groot-
Hertog van Luxemburg, enz., enz., enz.

Gezien de overeenkomst tusschen Nederland en
Groot-Brittannie, den 8sten September 1870 door
de wederzijdsche gevolmagtigden te 's Gravenhage
gesloten, betreffende de immigratie van vrije arbeiders uit Britsch-Indie naar de kolonie Suriname,
van welke overeenkomst de inhoud luidt als volgt:

Zijne Majesteit de Koning der Nederlanden aan
Hare Majesteit de Koningin van het Vereenigd
Koningrijk van Groot-Brittannie en Ierland ver-
zocht hebbende de immigratie van vrije werklieden
uit de Britsche landen in Indie naar de Nederlandsche kolonie Suriname te bevorderen en Hare
Britsche Majesteit in dat verzoek hebbende be-
willigd, hebben gezegde Majesteiten besloten
eene overeenkomst aan te gaan ter regeling van
de aanwerving van bedoelde werklieden in de
Britsche bezittingen in Indië, en hebben Zij te
dien einde tot Hunne gevolmagtigden benoemd:

Zijne Majesteit de Koning der Nederlanden,
den heer Theodorus Marinus Roest van Limburg,
groot-officier der orde van de Eikenkroon van
Luxemburg, ridder-grootkruis der orde van den
Rooden Adelaar van Pruissen, van de Heiligen
Mauritius en Lazarus van Italie, van de Kroon
van Beijeren, van den Zähringer Leeuw van Baden,
van de IJzeren Kroon van Oostenrijk, van de
Poolster van Zweden, enz., enz., Hoogstdeszelfs
Minister van Buitenlandsche Zaken; en

den heer Engelbertus de Waal, ridder der orde
van den Nederlandschen Leeuw, Hoogstdeszelfs
Minister van Kolonien;

en Hare Majesteit de Koningin van het Vereenigd Koningrijk van Groot-Brittannie en Ierland,
den achtbaren Edward Alfred John Harris, vice-
admiraal, lid van de zeer eervolle orde van het
Bad, buitengewoon gezant en gevolmagtigd Minister van Hare Britsche Majesteit bij Zijne Majesteit den Koning der Nederlanden;

die, na elkander hunne respectieve volmagten te
hebben medegedeeld, welke in goeden en behoorlijken vorm zijn bevonden, omtrent de navolgende
artikelen zijn overeengekomen:

Artikel 1.

De Nederlandsche Regering zal de bevoegdheid
hebben werklieden voor de Nederlandsche Kolonie
Suriname te werven en aan te nemen in de Indische gewesten, die aan Groot-Brittannie toebehooren, en de emigranten in te schepen in de

His Majesty the King of the Netherlands having requested Her Majesty the Queen of the United Kingdom of Great Britain and Ireland to afford facilities for the immigration of free labourers from the British territories in India into the Dutch Colony of Surinam, and Her Britannic Majesty having acceded to that request, Their said Majesties have resolved to conclude a convention to regulate the recruitment of such labourers in the British territories in India, and for this purpose They have named as Their plenipotentiaries:

His Majesty the King of the Netherlands,

Mr Theodorus Marinus Roest van Limburg, grand-officer of the order of the Oaken Crown of Luxemburg, knight grandcross of the order of the Red Eagle of Prussia, of the Saints Maurice and Lazarre of Italy, of the Crown of Bavaria, of the Lion of Zähringen of Baden, of the Iron Crown of Austria, of the Polar Star of Sweden, etc., etc. His Minister of Foreign Affairs; and

Mr Engelbertus de Waal, knight of the order of the Netherland Lion, Minister for the Colonies;

and Her Majesty the Queen of the United Kingdom of Great Britain and Ireland,

the honourable Edward Alfred John Harris, vice-admiral, companion of the most honourable order of the Bath, Her Britannic Majesty's envoy extraordinary and Minister plenipotentiary to the King of the Netherlands;

who, after having communicated to each other their respective full powers, found in good and due form, have agreed upon the following articles:

Article 1.

The Netherland Government shall be at liberty to recruit and engage labourers for the Netherland Colony of Surinam in the Indian territories belonging to Great Britain, and to embark emigrants from the ports of Calcutta, Madras and Bombay

2

havens van Calcutta, Madras en Bombay, of eenige
andere havens in Britsch-Indie, die daartoe later
door het Britsch-Indische Bestuur zullen worden
aangewezen op de hierachter bedongen voorwaarden.

Art. 2.

De Nederlandsche Regering zal in elk middel-
punt van aanwerving hare operatiën toevertrouwen
aan een door Haarzelve gekozen agent.

Deze keuzen moeten door het Britsche Gouvernement worden goedgekeurd.

Zulk eene goedkeuring staat, wat het regt van
haar te verleenen en in te trekken aangaat, gelijk
met het exequatur, hetwelk aan de consulaire
agenten verleend wordt.

Art. 3.

De aanwerving zal geschieden overeenkomstig
de regelen, welke nu bestaan of later zullen worden vastgesteld op de aanwerving van werklieden
voor Britsche koloniën, en men is uitdrukkelijk
overeengekomen, dat ten gevolge dezer overeenkomst aan de Nederlandsche Regering noch te
eeniger tijd, noch te eeniger plaatse, eenig privilegie
zal verleend worden op het stuk van emigratie,
't welk niet ter zelfder tijde en ter zelfder plaatse
door de Britsche Koloniën zal genoten worden.

Art. 4.

De Nederlandsche agent zal, wat betreft de hem
opgedragen wervingsoperatien, voor zich zelf en
voor de personen van wie hij zich mogt bedienen,
al de gerieflijkheden en voordeelen genieten, die
aan de wervingsagenten voor de Britsche koloniën
zijn verleend.

Art 5.

De Regering van Hare Britsche Majesteit zal
in de havens, waar emigranten mogen worden ingescheept, een agent aanstellen, in het bijzonder
belast met de zorg voor hunne belangen.

Art. 6.

Geen emigrant zal mogen worden ingescheept,

or any other ports in British India, which shall
hereafter be appointed by the Government of
India for that purpose, under the conditions
hereinafter stipulated.

Art. 2.

The Netherland Government shall intrust the
direction of its operations in every centre of recruitment to an agent chosen by itself.

Those agents must be approved by the British
Government.

Such approval is assimilated, with regard to the
right of granting and withdrawal, to the exequatur given to consular agents.

Art. 3.

This recruitment shall be affected conformably
to the regulations which now exist, or may hereafter be established for the recruitment of labourers
for British Colonies; and it is distinctly understood
that the effect of the present convention is not to
give to the Netherland Government, at any time
or place, any privilege whatever in respect of
emigration, which is not at the same time and
place enjoyed by the British Colonies.

Art. 4.

The Netherland agent shall, with regard to the
operations of recruitment which are intrusted to
him, enjoy for himself and for the persons whom
he may employ, all the facilities and advantages
afforded to the recruiting agents for British Colonies.

Art. 5.

The Government of Her Britannic Majesty shall
appoint in those ports where emigrants may be
embarked, an agent who shall be specially charged
whith the care of their interests.

Art. 6.

No immigrant shall be embarked unless the agent

tenzij de in het vorig artikel genoemde agent in
staat zij geweest zich te overtuigen dat zijne verbindtenis vrijwillig is, dat hij volmaakt kennis
draagt van den aard van zijne overeenkomst, van
de plaats zijner bestemming, van den vermoedelijken duur zijner reis en van de verschillende verpligtingen en voordeelen uit zijne verbindtenis
voortvloeijende.

Art. 7.

De overeenkomsten van dienst, uitgezonderd die,
welke bedoeld worden in § 4 van art. 9 en in
§ 2 van art. 10, zullen in Indie gesloten worden,
en zullen den emigrant verbinden bij zijne aankomst in de kolonie tot het dienen òf van een
bij name aangeduid persoon, òf van den persoon
aan wien hij door de gestelde overheid zal worden
toegewezen.

Art. 8.

De overeenkomsten zullen bovendien bedingen
bevatten betreffende:

1°. den duur van de verbindtenis, na afloop
waarvan de emigrant regt heeft op vrijen terugtogt naar Indie, ten koste van de Nederlandsche
Regering, en de voorwaarden waarop het hem zal
vrijstaan van het regt van vrijen terugtogt afzezien;

2°. het aantal der werkdagen en werkuren;

3°. het loon, de rantsoenen, indien zij gegeven
worden, alsook de wijze van betaling van buitengewoon werk, en al de aan den emigrant beloofde
voordeelen;

4°. kostelooze geneeskundige behandeling van
den emigrant, behalve in de gevallen dat zijne
ziekte, volgens het oordeel van de daartoe door het
bestuur aangewezen deskundigen, tengevolge van
wangedrag, door eigen schuld zal zijn ontstaan.

In elk contract of elke verbindtenis zal opgenomen zijn een afschrift der artikelen 9, 10, 19
en 20 van deze overeenkomst.

Art. 9.

1°. De duur van de verbindtenis van een immigrant zal niet langer zijn dan vijf jaren. In geval
echter dat hem behoorlijk bewezen zal zijn dat hij

described in the preceding article shall have been
enabled to satisfy himself that his engagement is
voluntary, that he has a perfect knowledge of the
nature of his contract, of the place of his destination. of the probable length of his voyage, and
of the different obligations and advantages connected
with his engagement.

Art. 7.

The contracts of service, with the exception
provided for by section 4 of Article 9, and by
section 2 of Article 10, shall be made in India,
and shall either bind the emigrant to serve a
person designated by name, or to serve a person
to whom he shall be allotted by the proper autho-
rity, on his arrival in the colony.

Art. 8.

The contracts shall, moreover, make stipulation
for:

1⁰. The duration of the engagement, at the ex·
piration of which the immigrant shall receive a
return-passage to India at the expense of the
Netherland Government and the terms on which
it will be competent to him to renounce his right
to a free return-passage;

2⁰. The number of days and hours of work;

3⁰. The wages and rations (in case rations are
given) as well as the rate of payment for extra-
work, and all the adventages promised to the
emigrant;

4⁰. Gratuitous medical treatment for the immigrant, except in cases where, in the opinion of
the proper Government officer, his illness shall
have arisen from his own misconduct.

In every contract of engagement there shall be
inserted an exact copy of articles 9, 10, 19 and
20 of the present convention.

Art. 9.

1°. The duration of the immigrant's engagement
shall not be more than five years In case however
he shall be duly proved to have absented himself

vrijwillig het werk verzuimd heeft, zal hij verpligt zijn daarenboven een gelijk aantal dagen te werken als hij verzuimd heeft.

2⁰. Na afloop van dat tijdvak zal elke Indier, die den leeftijd van tien jaren bereikt had bij zijn vertrek uit Indie, het regt hebben op vrijen terugtogt naar Indie op kosten van de Nederlandsche Regering.

3⁰. Indien hij kan bewijzen dat zijn gedrag goed is geweest en dat hij eigen middel van bestaan heeft, kan hem vergund worden in de kolonie te verblijven, zonder eenige verbindtenis, maar van dat oogenblik af aan verliest hij het regt op vrije terugreis.

4⁰. Indien hij genegen is tot het aangaan van eene nieuwe verbindtenis, heeft hij regt op eene premie en behoudt hij het regt op vrije terugreis na den afloop dezer tweede verbindtenis.

5⁰. Aan ieder immigrant, die zijn diensttijd in de Nederlandsche kolonie zal volbragt hebben, zal het vrijstaan in plaats van hetzij in de kolonie te blijven, hetzij naar Indie terug te keeren, op zijne eigene kosten zich naar eene andere kolonie of een ander land te begeven

Het regt van vrije terugreis van den immigrant strekt zich uit tot zijne vrouw, tot zijne kinderen, die Indie verlaten zullen hebben beneden de 10 jaren, en tot die, welke in de kolonie zullen geboren zijn.

Art. 10 ¹).

De immigranten zullen niet verpligt kunnen worden meer te werken dan zes dagen van de zeven, noch meer dan zeven uren per dag of tien uren in de fabriek.

De voorwaarden van het werken op taak en elke andere soort van regeling, het werk betreffende, zullen vrijelijk met den werkman geregeld worden. De verpligting om, op feestdagen, zorg te dragen voor de verpleging van dieren en de behoeften

---

1) Alinea 1 van art. 10 is gewijzigd als boven, in overeenstemming met de voorwaarden voorgesteld in het telegram van het Indisch Gouvernement, gedagteekend 24 October 1872 en waarin door het Nederlandsch Gouvernement is toegestemd.

from work, he shall be bound to serve a number of days equal to the time of his absence.

2°. At the expiration of that period, every Indian, who shall have attained the age of ten years at the time of his departure from India, shall be entitled to a return-passage at the expense of the Netherland Government.

3°. If he can show that his conduct has been regular, and that he has the means of subsistence, he may be allowed to reside in the colony without any engagement; but from that time he will lose his right to a free return-passage.

4°. If he consents to contract a new engagement, he will be entitled to a bounty, and will retain his right to a return-passage at the expiration of such second engagement.

5°. Any immigrant, who has completed his engagement in the Dutch Colony, shall be at liberty, instead of either remaining in the colony or returning to India, to remove to any other colony or country at his own expense.

The right of the immigrant to a return-passage extends to his wife and to his children, who quitted India under the age of ten years, as well as to those born in the colony.

Art. 10 [1]).

The immigrant shall not be bound to work more than six days in seven, nor more than seven hours a day or ten hours in buildings.

The conditions of task-work and every other kind of regulation for work shall be freely arranged with the labourer. The obligation to provide, on holidays, for the care of animals and the necessities of daily life, shall not be considered as work.

van het dagelijksch leven, zal niet als arbeid beschouwd worden.

Art. 11.

De schikkingen, die het vertrek van de emigranten voorafgaan, zullen gelijk zijn aan die, welke
door de bepalingen voor de Britsche kolonien zijn
voorgeschreven.

Art. 12.

In de havens van inscheping zullen de emigranten de vrijheid hebben, met inachtneming der
politieverordeningen op zulke inrigtingen, de depôts
of elke andere plaats waar zij mogten zijn gehuisvest, te verlaten, ten einde zich met de Britsche
agenten in gemeenschap te kunnen stellen, welke
op hunne beurt, op elk redelijk uur, de plaatsen,
waar de emigranten opgenomen of gehuisvest zijn,
kunnen bezoeken.

Art 13.

Emigranten mogen in elk jaargetijde, met schepen
van stoom-vermogen voorzien, uit Indie naar de
kolonie Suriname vertrekken, maar met zeilschepen
alleen 1 Augustus tot 15 Maart.

Elke emigrant, tusschen 1 Maart en 15 September uit Indie vertrekkende, zal, boven en behalve
de hem gewoonlijk verstrekte kleeding, ten minste
één dubbele deken bekomen, en hij zal daarvan
gebruik kunnen maken, zoo lang het schip zich
buiten de keerkringen bevindt.

Art. 14.

Elk schip, dat emigranten vervoert, moet een
Europeschen heelkundige en een tolk aan boord
hebben.

De gezagvoerders van schepen, die emigranten
vervoeren, zullen verpligt zijn zich met elk pakket,
dat hun door den Britschen agent in de haven
van inscheping voor den Britschen consulairen
agent in de haven van bestemming wordt ter hand
gesteld, te belasten, om het terstond bij aankomst
bij het Koloniale Bestuur af te geven.

Art. 11.

The arrangements, which precede the departure of the emigrants, shall be conformable to those prescribed by the regulations for the British Colonies.

Art. 12.

In the ports of embarkation the emigrants shall be at liberty, conforming to the regulations of police relative to such establishments, to leave the depôts, or other place in which they may be lodged, in order to communicate with the British agents, who, in their part, may, at any reasonable hour, visit the places in which the emigrants are collected or lodged.

Art. 13.

Emigrants may leave India for the colony of Surinam at any tim. of the year in vessels using steampower; but by sailing vessels only from the 1st of August to the 15th of March.

Every emigrant sailing from India between the 1st of March and the 15th of September shall receive at least one double blanket over and above the clothing usually allowed to him, and may make use of it so long as the vessel is outside of the tropics.

Art. 14.

Every emigrant-vessel must carry an European surgeon and an interpreter.

The captains of emigrant-vessels shall be bound to take charge of any despatch which may be delivered to them by the British agent at the port of embarkation for the British consular agent at the port of destination, and to deliver it to the Colonial Government immediately after his arrival.

Art. 15.

Op elk schip, bestemd voor het vervoer van emigranten uit de havens van Calcutta, Madras en Bombay of eenige andere havens in Britsch Indie, die later door de Regering van Indie zullen aangewezen worden voor de inscheping van emigranten, zullen de emigranten, hetzij tusschendeks, hetzij bovendeks, in stevig bevestigde, geheel overdekte kajuiten, eene ruimte bezitten, uitsluitend voor hun gebruik bestemd. Bedoelde kajuiten en ruimte tusschendeks zullen op de geheele oppervlakte eene hoogte hebben van niet minder dan zes (6) voet Engelsche maat.

Geen vak zal meer dan één volwassen emigrant mogen bevatten op twaalf (12) voet, Engelsche maat, oppervlakte op dek, en op elke kubieke ruimte van twee en zeventig (72) voet, Engelsche maat.

Een emigrant boven den leeftijd van tien jaren zal voor een volwassene gerekend worden, en twee kinderen, tusschen een en tien jaren oud, zullen voor een volwassene gerekend worden.

Op elk schip, dat emigranten vervoert, zal eene bepaalde en afgezonderde ruimte tot hospitaal worden ingerigt.

Vrouwen en kinderen zullen op het schip vakken bezetten, verschillend en afgezonderd van die voor de eenloopende gezellen.

Art. 16.

Bij elke verscheping van emigranten zal het getal vrouwen minstens de helft bedragen van het getal mannen. Mogt later de verhouding, voor de Britsche koloniën vastgesteld, worden verhoogd tot boven de helft, zoo zal dezelfde maatstaf toepasselijk zijn op de Nederlandsche kolonie.

Art. 17.

De Britsche agent zal bij de inscheping, op alle redelijke uren, het regt hebben om toegelaten te worden tot elk gedeelte van de schepen, hetwelk voor het gebruik van emigranten is ingerigt.

Art. 15.

In every vessel employed for the conveyance of emigrants from the ports of Calcutta, Madras and Bombay or any other ports in British India which shall hereafter be appointed by the Government of India for the embarkation of emigrants, the emigrants shall occupy either between-decks, or in cabins on the upperdeck, firmly secured and entirely covered in, a space devoted to their exclusive use. Such cabins and space between-decks shall in every part have a height of not less than six (6) feet English measure.

No compartment shall take more than one adult emigrant for every twelve (12) superficial feet, English measure, on deck, and for every cubic space of seventy-two (72) feet, English measure.

An emigrant above the age of ten years shall count as an adult, and two children from one to ten years of age shall count as one adult.

A distinct and separate place shall be fitted up for a hospital in every emigrant-ship.

Women and children shall occupy compartment of the vessel distinct and separate from those of the single men.

Art. 16.

Each shipment of emigrants shall include a proportion of women equal to at least one half of the number of men. Should the proportion fixed for the British colonies be hereafter raised above one half, the same rate shall apply to the Netherland colony.

Art. 17.

The British agents, at the embarkation, shall have, at all reasonable times, the right of access to every part of the ships which is appropriated to the use of emigrants.

Art. 18.

Bij aankomst van een schip met emigranten in de Nederlandsche kolonie zal het Bestuur zorg dragen dat al de bescheiden, welke het voor den Britschen consulairen agent ontvangen heeft, aan dezen worden ter hand gesteld, benevens:

1°. eene naamlijst van al de ontscheepte werklieden;

2°. eene lijst van de sterfgevallen en de geboorten, die gedurende de reis op het schip zullen hebben plaats gehad.

Het bestuur der kolonie zal de noodige maatregelen nemen, ten einde den Britschen consulairen agent de gelegenheid te verschaffen zich in gemeenschap te stellen met de emigranten vóór hunne indeeling in de kolonie.

Een afschrift van de lijst van indeeling zal aan den Britschen consulairen agent worden ter hand gesteld.

Hij zal worden verwittigd van alle sterfgevallen en geboorten, die gedurende den duur der verbindtenis plaats hebben, alsook van alle verandering van huurder en van elk vertrek gedurende de terugreis

Elke nieuwe verbindtenis en elke acte van afstand van het regt op vrije terugreis zal aan den consulairen agent worden medegedeeld.

Art. 19.

Alle immigranten, vallende binnen de bepalingen van deze overeenkomst, zullen op dezelfde wijze als de overige onderdanen der Britsche Kroon, en overeenkomstig de gewone regelen van het volken-regt, in de Nederlandsche kolonie het regt hebben den bijstand van den Britschen consulairen agent interoepen, en geen hinderpaal zal den werkman in den weg staan om zich tot den consulairen agent te wenden of zich met hem in gemeenschap te stellen, evenwel zonder inbreuk te maken op de verpligtingen, die uit zijne verbindtenis voortvloeijen.

Art. 20.

Bij de indeeling van werklieden zal geen man van zijne vrouw worden gescheiden, noch een vader

Art. 18.

On the arrival of an emigrant-ship in the Netherland colony, the Government shall cause to be transmitted to the British consular agent any despatches which it may have received for him, together with:

1°. A nominal list of all labourers disembarked.

2°. A list of the deaths or births which may have taken place during the voyage.

The Colonial Government shall take the necessary measures to enable the British consular agent to communicate with the emigrants, before their distribution in the colony.

A copy of the list of distribution shall be delivered to the consular agent.

He shall be informed of all deaths and births which may occur during the period of engagement, as well as of all changes of employer and of all departures on a return-passage.

Every fresh engagement or act of renunciation of the right to a free return-passage shall be communicated to the consular agent.

Art. 19.

All immigrants within the provisions of this convention shall, in the same manner as other subjects of the British Crown, and conformable to the ordinary rules of international law, enjoy in the Netherland colony the right of claiming the assistance of the British consular agent, and no obstacle shall be opposed to the labourer's resorting to the consular agent and communicating with him, without prejudice, however, to the obligations arising out of his engagement.

Art. 20.

In the distribution of labourers no husband shall be separated from his wife, nor any father or mother

of moeder van hunne kinderen beneden de 15 jaar.
Geen werkman zal kunnen gedwongen worden,
zonder zijne toestemming, van meester te veran-
deren, tenzij hij door 't Gouvernement mogt worden overgenomen of door den persoon, die het
goed waarop hij werkzaam is, in eigendom mogt
hebben verkregen.

Immigranten, die voortdurend ongeschikt tot
werken zullen zijn geworden, zoowel ten gevolge
van ziekte als van elke andere oorzaak, buiten hun
eigen toedoen, zullen teruggezonden worden op
kosten van de Nederlandsche Regering, welke tijd
er ook nog mogt ontbreken, alvorens zij tot de
vrije terugreis geregtigd zijn.

Art. 21.

De immigratie kan in de Nederlandsche kolonie
door Britsche en Nederlandsche schepen, zonder
onderscheid, geschieden.

Britsche schepen, welke daartoe gebruikt worden,
zullen verpligt zijn zich te houden aan al de verordeningen van politie, gezondheid en uitrusting,
welke op Nederlandsche schepen van toepassing zijn.

Art. 22.

De ordonnantie voor taken en loonen voor Suriname van 1861 zal tot grondslag dienen voor de
overeenkomsten, welke met de immigranten zullen
aangegaan worden.

De Nederlandsche Regering verbindt zich om
in dit reglement geene verandering te brengen,
tengevolge waarvan de immigranten in eenen excep-
tionelen toestand zouden geplaatst worden of hun
voor hunnen arbeid voorwaarden zouden opgelegd
worden, ongunstiger dan die, welke in genoemd
reglement zijn vastgesteld.

Art. 23.

De bepalingen van de tegenwoordige overeenkomst zullen niet slechts van toepassing zijn op
de Indische onderdanen van Hare Britsche Majesteit,
maar ook op de inboorlingen van elken Indischen
staat, die onder bescherming of onder het gezag
van genoemde Majesteit staan, of welke bondge-

from their children under fifteen years of age. No
labourer shall be required to change his employer
without his own consent, unless he be transferred
to the Government, or to the person who has
acquired the property on which he is employed.

Immigrants, who may become permanently inca-
pable of work, either by sickness or by any other
cause beyond their own control, shall be sent back
at the expense of the Netherland Government,
whatever time may still be wanting to entitle
them to a free return-passage.

Art. 21.

All operations of immigration may be carried
on in the Netherland colony by Netherland or
British vessels without distinction.

British vessels which may engage in those operations shall be bound to conform to all the measures
of police, health and equipment which may apply
to Netherland vessels.

Art. 22.

The labour-regulation of Surinam of 1861 shall
serve as a basis for the contracts which shall be
made with the immigrants.

The Netherland Government engages not to in-
troduce into that regulation any modification which
would have the effect either of placing the immigrants in an exceptional position, or of imposing
upon them harder conditions of labour than those
stipulated by the said regulation.

Art. 23.

The provisions of the present convention shall
apply not only to the Indian subjects of Her
Brittannic Majesty, but also to the natives of every
Indian State which is under the protection or po-
litical control of Her said Majesty, or which shall
be in alliance with the British Government or of

nooten van het Britsche Gouvernement zullen zijn,
of wier Regering de oppermagt van de Britsche
Kroon zal hebben erkend.

Art. 24.

Deze overeenkomst zal in werking treden twee
maanden na de uitwisseling der daartoe betrekkelijke
bekrachtigingen; haar duur is bepaald op drie en
een half jaar. Ze zal van kracht blijven, zoo zij
niet opgezegd wordt in den loop der laatste maand
van het derde jaar; daarna kan de opzegging alleen
geschieden in den loop van dezelfde maand van
elk achtereenvolgend jaar.

. Ingeval van zulke opzegging, zal zij achttien
maanden daarna eindigen.

Desniettemin zal de Gouverneur-Generaal van
Britsch Indie, in Rade, overeenkomstig de resolutie
van 19 September 1856, betreffende de immigratie
naar Britsche kolonien, het regt hebben de immigratie naar de kolonie Suriname ten allen tijde te
schorsen, ingeval hij reden heeft te gelooven, dat
in die kolonie de noodige maatregelen niet zijn
genomen ter bescherming der emigranten bij hunne
aankomst of gedurende hun verblijf aldaar, of voor
hunne veilige terugkomst in Indie, of om hun de
terugreis naar Indie te verschaffen ten tijde of
omstreeks den tijd, wanneer zij tot zulk eene terugreis geregtigd zijn.

Ingeval echter bedoeld regt, aan den Gouverneur-
Generaal van Britsch Indie voorbehouden, ooit
uitgeoefend wordt, zal de Nederlandsche Regering
de bevoegdheid hebben terstond, indien zij dit
noodig keurt, de geheele overeenkomst voor ge-
eindigd te verklaren. Maar bij het eindigen dezer
overeenkomst, om welke reden dan ook, zullen de
bepalingen, betreffende de Indische immigranten,
die in de Nederlandsche kolonie zijn ingevoerd,
van kracht blijven ten voordeele van gezegde immigranten, totdat zij òf naar hun eigen land zijn
terug gezonden, òf van hun regt op vrije terugreis
naar Indie afstand hebben gedaan, òf zich naar eene
andere kolonie of een ander land hebben begeven.

Art. 25.

De Gouverneur-Generaal van Indie, in Rade,

which the Government shall have acknowledged supremacy of the British Crown.

Art. 24.

The present convention shall begin to take effect two months after the exchange of the ratifications thereof; its duration is fixed at three years and a half. It shall remain in full force, if notice for its termination be not given in the course of the last month of the third year, and then notice can be given only in the course of the same month in each succeeding year.

In case of such notice being given, it shall cease eighteen months afterwards.

Nevertheless the Governor-General of British India in Council shall, in conformity with the act of the 19th of September 1856, relative to immigration to British colonies, have the power to suspend at any time emigration to the colony of Surinam, in the event of his having reason to believe that in that colony proper measures have not been taken for the protection of the emigrants immediately upon their arrival or during their residence therein, or for their safe-return to India, or to provide a return-passage to India for any such emigrants at or about the time at which they are entitled to such return-passage.

In case, however, the power thus reserved to the Governor-General of British India should at any time be exercised, the Netherland Government shall have the right immediately to terminate the whole convention if they should think proper to do so. But in the event of the determination of the present convention, from whatever cause, the stipulations relative to Indian immigrants introduced into the Netherland Colony shall be maintained in force in favour of the said immigrants, until they shall either have been sent back to their own country, or have renounced their right to a return-passage to India, or shall have removed to some other colony or country.

Art. 25.

The Governor-General of India in Council shall

zal eveneens de bevoegdheid hebben, in geval van noodzakelijkheid, de bepalingen van art. 13 van de tegenwoordige overeenkomst, wat betreft de datums, waarop emigranten Indie op zeilschepen mogen verlaten, zoomede de bepalingen van art. 16, wat betreft de getalsverhouding tusschen mannen en vrouwen, in milderen zin toe te passen.

Art. 26.

Men is overeengekomen, dat overal waar in deze overeenkomst gesproken wordt van de Nederland-sche Regering, daarmede ook bedoeld wordt het Nederlandsch Koloniaal Bestuur van Suriname.

Art. 27.

De tegenwoordige overeenkomst zal worden be-krachtigd en de bekrachtigingen zullen worden uitgewisseld te 's Gravenhage, zoodra mogelijk, na-dat de overeenkomst voor zooveel noodig de goed-keuring der Staten-Generaal zal erlangd hebben.

Ten blijke waarvan de wederzijdsche gevolmag-tigden haar hebben onderteekend en met hun wapen bezegeld.

Gedaan te 's Gravenhage, den achtsten dag van September in het jaar duizend acht honderd zeventig.

(get.) Roest van Limburg (L. S.)
„ de Waal (L S.)
„ E. A. J. Harris (L. S.)

Gelet dat de akten van bekrachtiging op gezegde overeenkomst, door Ons den 16den en door Hare Majesteit de Koningin van het Vereenigd Koning-rijk van Groot-Brittannie en Ierland den 10den Februari 1872 geteekend, den 17den derzelfde maand te 's Gravenhage zijn uitgewisseld;

Op de voordragt van Onzen Minister van Bui-tenlandsche Zaken, van den 14den Maart 1872, N°. 1668;

Hebben goedgevonden en verstaan de bovenver-melde overeenkomst bekend te maken door plaatsing van dit besluit in het Staatsblad.

Onze Ministers, Hoofden van Departementen van Algemeen Bestuur, worden belast, ieder voor zoo-

likewise have power to relax, in cases of emergency,
the provisions of article 13 of the present convention with regard to the dates at which emigrants
may leave India in sailing-vessels, and also the
provisions of article 16, with regard to the proportion of women to men.

Art. 26.

It is understood that wherever in this convention mention is made of the Netherland Government, the Colonial Government of Surinam is equaly
comprised under that denomination.

Art. 27.

The present convention shall be ratified and the
ratifications shall be exchanged at the Hague as
soon as possible after it shall have received, as
far as shall be required, the approval of the States-
General.

In witness whereof the respective plenipotentiaries have signed the same and have affixed
thereto the seal of their arms.

Done at the Hague, the eight day of September
in the year of Our Lord one thousand eight hundred
and seventy.

> (*signed*) Roest van Limburg (L. S.)
> „   de Waal (L. S.)
> „   E. A. J. Harris (L. S.)

veel hem aangaat, met de uitvoering der bepalingen
in voorschreven overeenkomst vervat.

Het Loo, den 17den Maart 1872.
WILLEM.

De Minister van Buitenlandsche Zaken,
L. GERICKE.

Uitgegeven den vijfden April 1872.
De Minister van Justitie,
J. A. JOLLES.

Voor eensluidend afschrift
De Secretaris-Generaal bij het
Ministerie van Kolonien,
FEITH.

Heeft de opneming daarvan in het Gouvernements-
blad bevolen.

Gedaan te Paramaribo, den 27 Mei 1872.
VAN IDSINGA.

De Gouvernements-Secretaris,
E. A. VAN EMDEN.

Uitgegeven den 7 Junij 1872.
De Gouvernements-Secretaris,
E. A. VAN EMDEN.

Thans geldende tekst van de

PUBLICATIE

van 3 Mei 1872, G. B. 1872. N°. 8.

houdende afkondiging van het Koninklijk Besluit dd.
22 Maart 1872 N°. 27 tot aanvulling en wijziging
der bestaande verordeningen betreffende immigratie.

IN NAAM DES KONINGS!

DE GOUVERNEUR VAN *SURINAME*,

Van 's Konings wege den last ontvangen hebbende
tot afkondiging van onderstaande wet:

Wij Willem III, bij de gratie Gods, Koning
der Nederlanden, Prins van Oranje-Nassau, Groot
Hertog van Luxemburg, enz., enz., enz.

Gezien artikel 4 der Wet van 8 Augustus 1862,
Staatsblad N°. 164;

Overwegende dat het, in verband met de wet
van 20 Januarij 1872, Staatsblad N°. 4, noodzakelijk is om de bestaande verordeningen betreffende
de bevordering van den aanvoer van vrije arbeiders
in de kolonie Suriname te herzien;

Op de voordragt van Onzen Minister van Kolonien van den 5 Februarij 1872 Lᵃ B N°. 38;

Den Raad van State gehoord (advies van den
5 Maart 1872 N°. 10);

Op het nader rapport van Onzen Minister van
Kolonien dd. 18 Maart 1872 Lᵃ B N°. 9;

Hebben goedgevonden en verstaan:

Met wijziging voor zooveel noodig van Onze besluiten van 19 Maart 1863 N°. 71, 10 Augustus
1863 N°. 91, 19 Mei 1864 N°. 29, 26 Januarij
1865 N°. 46, 16 Januarij 1867 N°. 68, 19 September 1870 N°. 19, het navolgende vasttestellen:

Artikel 1.

Emigranten kunnen worden verscheept van plaatsen of havens waar de overheid het niet verbiedt,
en waar door de Nederlandsche Regering eene
autoriteit is aangewezen, onder wier toezigt de
werving geschiedt, of, voor zooveel de verscheping
door tusschenkomst van het Koloniaal Bestuur
plaats heeft, een agent, als bij artikel 2 bedoeld,
is gevestigd, voor zoover die plaatsen of havens
daarvan door Ons niet zijn uitgesloten.

Art. 2.

In plaatsen of havens waar het Koloniaal Bestuur emigranten wenscht te werven en aan te nemen, wijst het daartoe speciale agenten aan, met inachtneming van de te dier zake door Ons te geven bevelen.

Art. 3 ¹).

De in artikel 2 bedoelde agenten worden door den Gouverneur van Suriname benoemd en ontslagen.

De subagenten, de geneeskundigen, de tolken en het verder bij het agentschap vereischt personeel worden door de agenten, onder nadere goedkeuring van den Gouverneur, op eene door dezen vast te stellen bezoldiging aangesteld en ontslagen.

De agenten genieten eene bezoldiging, die zal kunnen bestaan uit een vast jaarlijksch traktement en uit een door den Gouverneur vast te stellen premie voor ieder in de kolonie Suriname door den daartoe bevoegden ambtenaar geschikt geoordeelden immigrant.

Art. 4.

Alle ter plaatse van werving bestaande of nader uit te vaardigen algemeene verordeningen op de werving van emigranten moeten nageleefd worden door hen, die emigranten naar Suriname afschepen.

Art. 5.

Indien zulks bij internationale overeenkomsten of bij andere algemeene verordeningen is of wordt bepaald, bestaat elke bezending emigranten, in de daarbij aangegeven verhouding uit beiderlei geslacht.

Art. 6.

De overeenkomsten aangegaan met de agenten, worden door dezen als overeenkomende partij geteekend na de onderteekening of het merk van den emigrant.

---

1) Art. 3 werd gewijzigd bij art. 1 van het K. B. van 29 December 1879, N°. 33, G. B. 1880, N°. 5.

De overeenkomsten, door een ander persoon
onder speciale goedkeuring van den agent met
emigranten gesloten, worden door hem ter bekrachtiging onderteekend.

Art. 7.

De overeenkomsten moeten, behoudens hetgeen
dien betreffende bij internationale overeenkomsten
mogt zijn voorgeschreven, bevatten :

1. den duur der overeenkomsten in schrijfletters
uitgedrukt, met vermelding dat elk jaar der verbindtenis wordt gerekend op 300 werkdagen;

2 de vermelding van den dag waarop de verbindtenis ingaat, de plaats van bestemming en den
vermoedelijken duur van de reis;

3 het getal werkuren per werkdag;

4. den naam en de hoedanigheid van den huurder, met vermelding of het contract wordt aangegaan voor rekening van derden, en in dat geval,
wanneer de werving niet door het Nederlandsch
Bestuur geschiedt, ook de namen en woonplaatsen
der principalen;

5. de vermelding dat de overeenkomst, na aankomst in Suriname, met toestemming van partijen
en onder goedkeuring van den Gouverneur, aan
eenen anderen huurder kan worden overgedragen;

6. het bedrag van het loon in schrijfletters uitgedrukt, met vermelding of daarenboven vrije kost,
en zoo dit het geval is, welk rantsoen is bedongen, of wel de bepaling dat de emigrant zal worden beloond volgens het bestaande of later vast te
stellen tarief van werktaken en loonen voor vrije
arbeiders in Suriname;

7. het beding van vrije woning, drinkwater en
geneeskundige behandeling en verpleging, en, indien
vrije terugreis is bedongen, de bepaling van den
tijd waarop de emigrant daarop aanspraak verkrijgt
en de voorwaarden waarop hij daarvan kan afstand doen;

8. de bepaling dat de bedongen vrije geneeskundige verpleging vervalt en de verpleging voor
rekening van den emigrant blijft, in die gevallen,
waarin door den bevoegden geneeskundige wordt
bevonden dat de ziekte ten gevolge van wangedrag
is ontstaan;

9. de bepaling dat de duur der verbindtenis, bij
werkverzuim, hetwelk door den bevoegden ambtenaar wordt bevonden door den emigrant opzettelijk
te zijn gepleegd, met zoovele dagen werks verlengd
wordt, als hij dagen verzuimd zal hebben.

10. de bepaling dat de emigrant, na eindiging
van zijne oorspronkelijke verbindtenis zich op nieuw
verbindende, aanspraak heeft op een nader overeen
te komen premie, en, indien vrije terugreis bedongen is, met behoud van dat regt na afloop dier
tweede verbindtenis;

11. de vermelding dat de inhoud der overeenkomst aan den emigrant is medegedeeld, dat hij
dien blijkbaar goed verstaan heeft en haar vrijwillig heeft aangegaan, en dat hem mededeeling
is gedaan van de reglementaire bepalingen, waaraan hij ten aanzien van den te verrigten arbeid
in Suriname zal zijn onderworpen;

12. de toezegging dat aan de emigranten, die
zich na vervulling hunner werkovereenkomsten in
de kolonie verlangen te vestigen, door het Koloniaal
Bestuur gronden zullen worden afgestaan uit 's lands
domeinen, overeenkomstig de verordening regelende
de voorwaarden, waarop de vestiging van personen
of gezinnen als landbouwers in de kolonie Suriname
zal kunnen plaats hebben.

De handteekeningen van de bevoegde autoriteit,
van de agenten en van hunne plaatsvervangers
worden voor echt gehouden, zoolang geen bewijs
van het tegendeel is geleverd.

Art. 8.

Voor de depôts of ten aanzien der huisvesting
ter plaatse van inscheping moeten alle verordeningen worden nageleefd, welke ter zake door of van
wege het Gouvernement dier plaatsen zijn of worden uitgevaardigd.

De emigranten mogen, met inachtneming der
politie-verordeningen op zulke inrigtingen, de depôts
of plaatsen waar zij mogten zijn gehuisvest, tijdelijk
verlaten om zich in persoon tot de plaatselijke
autoriteiten of de te hunnen behoeve aangestelde
en met de zorg voor hunne belangen belaste agenten te wenden, en zal deze autoriteit of agent te
allen geschikten tijde de depôts kunnen bezoeken.

In plaatsen of havens, waar zoodanige verordening ter zake van de depôts niet bestaat, wordt die door den Gouverneur van Suriname voor zooveel noodig vastgesteld.

Art. 9.

De inscheping geschiedt onder het dadelijk toezigt in Nederland van den burgemeester en elders van den Nederlandschen consul, of, voor zooveel zij door tusschenkomst van het Koloniaal Bestuur geschiedt, van den agent bij art. 2 bedoeld.

Art. 10.

De schipper doet zich bij de inscheping van emigranten door den verscheper in duplo ter hand stellen :

1. een staat vermelaende de namen, voornamen, het geslacht, den ouderdom, het beroep, de godsdienst, en de laatste woonplaats van ieder emigrant, met aanduiding van de hoofden der huisgezinnen, indien de overeenkomst familiesgewijze is aangegaan ;

2. eene verklaring dat de emigranten bekend zijn met de plaats hunner bestemming en zich uit vrije beweging en onder contract tot het verrigten van veld- of fabriekarbeid naar de kolonie begeven ;

3. een certificaat van gezondheid der emigranten, vermeldende tevens dat zij geschikt zijn bevonden tot het verrigten van veld- of fabriekarbeid, af te geven door een geneesheer voor zoover niet door de Regering der plaats daartoe een bepaald persoon is aangewezen ;

4. een bewijsstuk dat de voedingsmiddelen, het drinkwater en de geneesmiddelen aan boord van het schip van goede hoedanigheid en in genoegzame hoeveelheid aanwezig zijn.

Deze stukken worden, voor zooveel het de inscheping van emigranten betreft, die door anderen dan agenten van het Koloniaal Bestuur worden verscheept, door of ten overstaan van de bevoegde autoriteit opgemaakt en door deze ten blijke daarvan mede onderteekend.

In geval een schip niet is vertrokken zeven dagen na de inscheping der emigranten, of wanneer het op reis eene tusschenhaven heeft aangedaan, moet

de verklaring sub 4 vermeld, op nieuw worden
opgemaakt, in het eerste geval door hen, die de
oorspronkelijke verklaring hebben afgegeven, en
in het tweede geval door de bevoegde autoriteit
in de tusschenhaven.

Daar waar geen Nederlandsch Consul gevestigd
is en de magistraten of andere autoriteiten der
plaats mogten weigeren zoodanige verklaring afte-
geven, voorziet de schipper zich van zoodanig bewijsstuk als waaruit ten genoege van den agent-
generaal bij aankomst in de kolonie kan blijken
van de onmogelijkheid om aan deze bepaling te
voldoen.

Art. 11.

De immigranten worden te Paramaribo of te
Nieuw Rotterdam ontscheept.

De Gouverneur is bevoegd andere plaatsen ter
ontscheping aan te wijzen. Daarop zijn alsdan de
bepalingen, voor den aanvoer te Paramaribo en te
Nieuw Rotterdam vastgesteld, van toepassing, met
zoodanige wijzigingen als door den Gouverneur
worden noodig geacht.

Art. 12.

Onmiddellijk na de aankomst van het schip voor
het fort Nieuw Amsterdam of wel op de buitenreede
van Nieuw Rotterdam begeeft zich de daartoe aangewezen geneesheer op het fort Nieuw Amsterdam of
wel in Nickerie, aan boord, en onderzoekt of daar
ook besmettelijke ziekten heerschen of gedurende
de reis geheerscht hebben, tengevolge waarvan
quarantainemaatregelen behooren te worden voorgeschreven. Dit laatste het geval niet zijnde, reikt
hij aan den schipper een schriftelijk bewijs daarvan uit, die daarna opzeilt tot op de buitenreede
van Paramaribo en in Nickerie tot voor Nieuw
Rotterdam.

Art. 13 [1]).

Bij aankomst op de buitenreede van Paramaribo

---

1) Art. 13 werd gewijzigd bij K. B. van 6 September 1872,
N°. 57, G. B. 1872, N°. 24.

of wel voor Nieuw Rotterdam geeft de schipper onmiddellijk daarvan kennis, in het eerste geval aan
den bij artikel 15 bedoelden agent-generaal te
Paramaribo, en in het laatste geval aan den districtscommissaris, met eene opgave van de dagteekening
van zijn vertrek, van de plaats van inscheping,
van de laatst aangedane haven, het getal der aangebragte immigranten, en den toestand waarin zij
zich bevinden, vergezeld van eene expeditie der
oorspronkelijke stukken, of een authentiek afschrift
daarvan, welke in artikel 10 zijn aangeduid, en
van eene verklaring van de veranderingen door
geboorte of overlijden gedurende de reis.

De genoemde ambtenaren onderzoeken deze
stukken, en die in orde bevonden hebbende, geven
zij daarvan berigt aan den Gouverneur.

De districts-commissaris in Nickerie zendt die
stukken, benevens den staat der mutatien, die gedurende de reis onder de emigranten hebben plaats
gevonden, aan den agent-generaal.

Art. 14.

Te Paramaribo begeeft zich de agent-generaal,
zoo spoedig mogelijk na ontvangst en onderzoek
der in het vorig artikel bedoelde stukken, vergezeld
van den daartoe door het bestuur aangewezen geneesheer, aan boord van het schip, om zich van
den algemeenen toestand der immigranten te vergewissen en om te onderzoeken of zij gezond en
geschikt zijn voor den veld- of fabriekarbeid.

Daarna worden de immigranten vergeleken met
de naamsopgaven, en wordt eene verklaring opgemaakt van de bevinding, alsmede van de door hen
ondervonden behandeling gedurende de reis.

In Nickerie is dit onderzoek opgedragen aan
den districts-commissaris, bijgestaan door een daartoe door het bestuur aangewezen geneesheer.

Als aan de voorwaarden en verpligtingen behoorlijk
blijkt te zijn voldaan, reikt de agent-generaal, en
in Nickerie de districts-commissaris, aan den schipper een schriftelijk bewijs daarvan uit.

Bijaldien echter blijkt dat de schipper niet aan
alle bepalingen heeft voldaan, of dat de klagten
der immigranten daartoe aanleiding geven, geeft
de agent-generaal en in Nickerie de districts-

commissaris, daarvan ten spoedigste kennis aan den Gouverneur, alsmede aan den procureur-generaal ten einde ter zake zoodanige vervolging in te stellen als zal bevonden worden te behooren, en waarvan melding wordt gemaakt in het aan den schipper uit te reiken bewijs.

Binnen vijf dagen na de uitreiking van dat bewijs bewerkstelligt de schipper de ontscheping der immigranten met hunne bagage.

Art. 15 [1]).

Met het algemeen toezigt en de contrôle over alle immigranten die zich in de kolonie bevinden, is een ambtenaar onder den titel van agent-generaal belast.

Aan hem kan worden toegevoegd een sub-agent, die onder zijne bevelen werkzaam is en hem telkens wanneer dit noodig is, vervangt.

Art. 16 [2]).

De agent-generaal en de sub-agent worden door Ons benoemd en ontslagen. Het ten burele van den agent-generaal vereischt personeel wordt op zijne voordragt door den Gouverneur benoemd en ontslagen.

Art. 17.

De agent-generaal maakt in den loop der maand Januarij van elk jaar door middel van het Gouvernements Advertentieblad bekend, welke schepen in het afgeloopen jaar met immigranten zijn aangekomen, met vermelding van het getal immigranten daarmede aangevoerd, verdeeld in de navolgende rubrieken:

Mannen.
Vrouwen.
Jongens } van 10—15 jaren.
Meisjes
Kinderen beneden de 10 jaren.

---

1) Alinea 2 werd aan art. 15 toegevoegd bij het K. B. van 13 Februari 1896 N°. 24, G. B. 1896 N°. 8.
2) Art. 16 werd gewijzigd bij het K. B. van 13 Februari 1896 N°. 24, G. B. 1896 N°. 8.

Behalve de registers in dit besluit genoemd, houdt hij:

a. een register van de onder de immigranten plaats gehad hebbende geboorten, sterfgevallen, huwelijken en echtscheidingen;

b. een register van de immigranten, aan wie een certificaat van volbragte verbindtenis is uitgereikt;

c. een register van die immigranten, die afstand doen van hun regt op vrije terugreis, en van die, welke verklaren zich in de kolonie te zullen vestigen; en verder zo.,danige registers als hem door den Gouverneur worden voorgeschreven.

Art. 18.

Overal waar in bestaande verordeningen sprake is van commissaris van het stadsdistrict, wordt gelezen agent-generaal.

Art. 19.

De dienstbetrekking tusschen de districts-commissarissen en den agent-generaal, ter zake van al wat de immigratie betreft, wordt door den Gouverneur bij administratieve voorschriften geregeld.

Art. 20 [1]).

Art. 21.

Bij het vernietigen door een regterlijk gewijsde der overeenkomst van immigranten, wier diensttijd nog niet verschenen is, worden zij voor den niet verschenen tijd dier overeenkomst door het Bestuur bij een anderen huurder, zooveel mogelijk in overeenstemming met hunnen wensch, tewerkgesteld, tegen vergoeding door den nieuwen huurder van de kosten van den aanvoer dier immigranten, naar reden van den door hen nog niet vervulden diensttijd.

De Gouverneur is bevoegd om, in afwachting eener regterlijke beslissing, al dadelijk zoodanige voorloopige maatregelen voor te schrijven als hij ter handhaving der openbare orde en in het belang der immigranten noodig acht.

---

1) **Art. 20** werd ingetrokken bij **art.** 1 van het K. B. van **29** December 1879 N°. 33, G. B. 1880 N°. 5.

Art. 22 [1]).

Art. 23 [1]).

Art. 24.

De aanvrager zorgt dat, vóór de aankomst van de aangevraagde immigranten, de voor hen bestemde huisvesting en de ziekeninrichting overeenkomstig de deswege bestaande of nader te geven voorschriften aanwezig zijn.

Art. 25 [1]).

Art. 26 [1]).

Art. 27 [1]).

Art. 28 [1]).

Art. 29 [1]).

Art. 30.

De agent-generaal houdt een register, waarin worden aangeteekend:

a. de namen, voornamen, het geslacht, beroep, den ouderdom, de godsdienst en de laatste woonplaats van iederen immigrant, met aanduiding van de hoofden der huisgezinnen, indien de overeenkomst familiesgewijze is aangegaan;

b. de plaats en dagteekening van hunne afreis;

c. de naam van het schip, waarmede zij werden overgebragt;

d. de veranderingen door geboorte en overlijden gedurende de reis;

e. bij wien en waar de immigranten zijn in dienst getreden;

f. de voorwaarden en duur der overeenkomsten.

Van deze inschrijving wordt aan den immigrant vóór zijn vertrek naar de plantage of den grond, waarvoor hij gehuurd werd, een bewijs kosteloos door den agent-generaal afgegeven.

---

1) De artikelen 22, 23, 25, 26, 27, 28 en 29 werden ingetrokken bij art. 1 van het K. B. van 29 December 1879 N°. 33, G. B. 1880 N°. 5.

Art. 31.

Elke districts-commissaris houdt een register overeenkomstig dat in 't vorig artikel bedoeld, betreffende de immigranten die in zijn district in dienst treden, en teekent daarin op alle onder hen voorvallende veranderingen.

Van elke aankomende bezending wordt door den agent-generaal een volledig extract uit zijn register gezonden aan de districts-commissarissen, in wier district de aangekomen immigranten zullen in dienst treden, welk uittreksel onverwijld in hunne registers wordt opgenomen.

Art. 32.

Voor elken landaard van immigranten worden afzonderlijke registers gehouden.

Zij worden daarin onder een doorloopend volgnommer opgenomen.

Art. 33.

De op elke plantage of elken grond ingedeelde immigranten worden daarenboven afzonderlijk in een register opgenomen.

Art. 34.

Een afzonderlijk register wordt gehouden van de, ingevolge het bepaalde bij art 36, door den agent-generaal te Paramaribo of door den districts-commissaris in Nickerie, ziek van boord naar een hospitaal of infirmerie gezonden immigranten.

Art. 35.

De agent-generaal zendt aan de districts-commissarissen de noodige opgaven tot de invulling hunner registers, en van wat hij verder voor hen van belang acht.

Art. 36.

Na het onderzoek bedoeld bij art. 14, zendt de agent generaal, of in Nickerie de districts-commissaris, de door den geneesheer als ziek bevonden immigranten naar 's lands hospitaal, of in Nickerie naar de infirmerie, met eene schriftelijke opgave door hem en den geneesheer onderteekend,

inhoudende den naam, het geslacht, den ouderdom
van den immigrant, en eene korte omschrijving
der ziekte, zijn contractnummer en nummer van
inschrijving.

Art. 37 [1]).

De toedeeling aan de huurders vindt door of ten
overstaan van den agent-generaal of den districts-
commissaris in Nickerie plaats.

Bij die indeeling wordt de plantage of grond
aangewezen, waarop de immigranten volgens hunne
overeenkomsten zullen werken.

Art. 38.

De agent-generaal en de districts-commissaris
in Nickerie dragen zorg dat geen man van zijne
vrouw worde gescheiden, dat kinderen beneden 15
jaren bij hunne ouders, voogden of verplegers
blijven, en dat aan den wensch van de immigranten
om bij elkander toegedeeld te worden, zooveel mogelijk gevolg gegeven worde.

Art. 39 [1]).

Art. 40.

De huurder zal van den aanvoerder de hem toebedeelde immigranten uiterlijk binnen 48 uren
overnemen om naar de plantage of den grond
waarvoor zij gehuurd zijn, te worden overgebracht.

Na het verstrijken van dien termijn gaan de
verpligtingen van den aanvoerder om voor huisvesting, voeding en geneeskundige verpleging van
de immigranten te zorgen, over op den huurder,
en zijn de poenaliteiten op het niet nakomen van
die verpligtingen gesteld, op dezen toepasselijk.

Art. 41.

Dadelijk nadat de indeeling heeft plaats gevonden,
zendt de agent-generaal, of de districts-commissaris
in Nickerie, hiervan een proces-verbaal aan den
Gouverneur.

---

1) Alinea 2 van art. 37 en art. 39 werden ingetrokken bij
art. 1 van het K. B. van 29 December 1879 N°. 33, G. B.
1880 N°. 5.

Art. 42.

De agent-generaal geeft aan elken huurder eene naauwkeurige lijst der hem toebedeelde immigranten.

De indeeling in Nickerie plaats vindende, wordt zoodanige lijst voorloopig door den districts-commissaris aldaar afgegeven.

Deze lijst wordt, met uitzondering van die, afgegeven door den districts-commissaris in Nickerie, na aankomst der immigranten op de plantage of den grond, waarvoor zij gehuurd zijn, door den huurder binnen 24 uren aan den districts-commissaris ingezonden.

De districts-commissaris vergelijkt de aangekomen immigranten met die lijst en met zijn register, teekent de lijst af, en geeft die aan den huurder terug.

Art. 43.

De ter plaatse van verscheping met de immigranten gesloten overeenkomsten, blijven in de kolonie verbindend voor de daarin bepaalde termijnen, te rekenen van den dag van aankomst in de kolonie.

Art. 44.

De overeenkomsten in het voorgaande artikel bedoeld, worden door den agent-generaal in zijn register geboekt en in bewaring genomen, nadat zij door den huurder, aan wien de immigranten zijn toebedeeld, zijn afgeteekend.

De agent-generaal geeft èn aan den huurder èn aan den immigrant een schriftelijk bewijs af van de geslotene overeenkomst. Wat den immigrant betreft, kan dit vermeld worden op het ingevolge art. 30 af te geven bewijs van inschrijving.

Art. 45 [1]).

Ieder die, krachtens welken titel ook, eigenaar wordt van goederen, waartoe onder contract ver-

---

[1]) Art. 45 werd gewijzigd bij art. 2 van het K. B. van 29 December 1879 N°. 33, G. B. 1880 N°. 5 en bij art. 1 van het K. B. van 8 Juni 1886 N°. 35, G. B. 1886 N°. 30.

Men zie in dit verband art. 43 van de verordening van 21 Augustus 1878, G. B. 1880 N°. 3.

bonden immigranten behooren, wordt, behoudens
de goedkeuring van den Gouverneur, van rechts-
wege huurder dier arbeiders.

De daaruit voor den nieuwen eigenaar voortvloeiende financieele verplichtingen, hetzij tegenover
het Koloniaal Gouvernement, hetzij tegenover het
immigratiefonds, worden, voor zoover dit niet reeds
geschied is, bij koloniale verordening geregeld.

Art. 46.

De overeenkomst kan, met onderling goedvinden
van den huurder en den immigrant, alleen ver-
broken worden met goedkeuring van den Gouverneur.

Art. 47.

De agent-generaal doet aan de districts-commissarissen opgaven van de overeenkomsten door
de aangekomen immigranten gesloten.

Art. 48.

De op de plaats van verscheping gesloten overeenkomsten kunnen met onderling goedvinden van
den huurder en den immigrant in de kolonie gewijzigd worden. Dit geschiedt ten overstaan van
den agent-generaal of van den districts-commissaris
in Nickerie, die toezien dat daardoor aan geene
der door den immigrant bedongen voorregten en
voordeelen wordt te kort gedaan.

Deze wijzigingen mogen niets anders betreffen
dan de regeling van den arbeid en van het loon,
en worden, wanneer ten overstaan van den districts-
commissaris in Nickerie verleden, door dezen dadelijk
ter kennis van den agent-generaal gebragt.

Art. 49 [1]).

Iedere immigrant heeft, na richtigen afloop van
de door hem gesloten overeenkomst, recht op een
door den agent-generaal kosteloos af te geven
schriftelijk bewijs dat hij aan zijne verbindtenis
voldaan heeft.

---

1) Art. 49 werd gewijzigd bij K. B. van 1 Maart 1878 N°.
32, G. B. 1878 N°. 11 en K. B. van 3 November 1897 N°.
32, G. B. 1897 N°: 31.

Art. 50 [1]).

Zonder zoodanig certificaat wordt een immigrant niet tot het sluiten van een nieuwe overeenkomst ten overstaan van de daartoe bevoegde ambtenaren toegelaten.

De ambtenaren, ten overstaan van wie zoodanige overeenkomsten kunnen worden gesloten, zijn uitsluitend de agent-generaal en de districts-commissarissen, en zij die hen tijdelijk vervangen.

Werkovereenkomsten aangegaan met immigranten, die nog niet aan hunne verpligtingen als zoodanig hebben voldaan, en gesloten anders dan ten overstaan van de in de vorige alinea genoemde ambtenaren zijn nietig.

Art. 51 [2]).

Hij, die eene nieuwe overeenkomst tot het verrichten van veld- of fabriekarbeid heeft aangegaan, is immigrant in ,den zin der verordening, vastgesteld bij het koninklijk besluit van 19 Maart 1863, N°. 71, en heeft recht op uitbetaling van de premie, bij art. 7 sub 10°. bedoeld.

Indien dit door hem bij de oorspronkelijke overeenkomst was bedongen en hij daarvan geen afstand heeft gedaan, behoudt hij zijn recht op vrijen terugvoer naar het land zijner herkomst.

Art. 52.

De in het vorig artikel bedoelde overeenkomst moet voor een bepaalden tijd worden aangegaan, en voor den commissaris van het district, waarin de overeenkomst zal werken, gesloten of ten zijnen kantore geregistreerd.

De betrokken districts-commissaris zendt de nieuwe overeenkomst onmiddellijk aan den agent-generaal, na daarvan afschrift te hebben genomen.

---

1) Art. 50 werd gewijzigd bij K. B. van 1878 N°. 32, G. B. 1878 N°. 11.

2) Alinea 3 van art. 51 werd ingetrokken bij art. 1 van het K. B. van 29 December 1879 N°. 33, G. B. 1880 N°. 5; nader werd het art. gewijzigd bij K. B. van 3 November 1897 N°. 32, G. B. 1897 N°. 31.

Art. 53.

Als eene vrouwelijke immigrant, bij contract verbonden op eene plantage of grond, huwt met een
immigrant, die elders is verbonden, gaat zij, en
bijaldien zij kinderen heeft, gaan ook deze, met
uitzondering van die, welke uit eigen hoofde onder
contract verbonden zijn, over op de plantage of den
grond, waar de man zich bevindt. De eigenaar of
pachter daarvan vergoedt aan den oorspronkelijken
huurder der vrouw de kosten van aanvoer door
hem voor haar en de haar bij het huwelijk volgende kinderen betaald, naar verhouding van den
nog overblijvenden duur harer verbindtenis.

Van deze bepaling kan, met onderling goedvinden
van de betrokken huurders en immigranten, onder
goedkeuring des Gouverneurs, worden afgeweken.

Art. 54.

De huurder zal naauwkeurig een, volgens een
door den Gouverneur vast te stellen model, register
houden of doen houden van alle immigranten, die
hij in dienst heeft, en van alle geboorten, sterfgevallen, huwelijken en echtscheidingen onder hen.

Van deze veranderingen zendt de gezagvoerder
vóór den 15den van elke maand eene opgave over
de afgeloopen maand aan den districts-commissaris,
die daarvan dadelijk mededeeling doet aan den
agent-generaal.

Art. 56.

De gezagvoerder is verpligt een werkregister te
houden, ingerigt volgens een door den Gouverneur
voorteschrijven model.

Dit register wordt dagelijks bijgehouden en daarin
de werkverzuimen en het overwerk behoorlijk aangeteekend en omschreven.

In de eerste acht dagen van elke maand wordt
een volledig extract over de voorafgaande maand
door den huurder aan den districts-commissaris ingezonden.

Wanneer het aangeteekende werkverzuim bestaat
in het slecht of slechts ten deele verrigten van
het opgedragen werk, stelt de gezagvoerder aan
den betrokken immigrant, onmiddellijk na de aan-

teekening, een briefje ter hand, behelzende dagteekening, naam van den arbeider, omschrijving
van het werk, waarbij het verzuim is gepleegd, en
waarin het verzuim bestaat.

Art. 56.

De huurder is verpligt, overeenkomstig bij algemeene verordening te stellen regelen, gedurende
den loop zijner overeenkomst den immigrant en
zijn gezin kosteloos te voorzien van huisvesting,
van het benoodigde drinkwater en van voldoende
geneeskundige behandeling en verpleging.

Daarbij zal in acht worden genomen:

A. *Wat de huisvesting betreft:*

Dat ieder immigrant in de hem aangewezen woning moet kunnen beschikken over eene afzonderlijke
ruimte van minstens:

a. 3 meters lang,

b. 2 meters breed,

c. 2,5 meter hoog

per persoon;

dat niet meer dan drie immigranten of één huis-
gezin, namelijk man, vrouw en kinderen, beneden
15 jaar oud, in één vertrek zijn gehuisvest;

dat de woningen geen verdieping mogen hebben;

dat zich onder de vloeren geen ledige ruimte
mag bevinden;

dat in ieder vertrek gelegenheid zij tot het bekomen van voldoend licht en versche lucht van
buiten;

dat de buitendeuren der woningen uitkomen op
eene overdekte galerij;

dat eene immigrantenwoning niet uit meer dan
twee rijen vertrekken besta;

dat de wanden der vertrekken inwendig geverwd
of met kalk gewit zijn;

dat koffij- en timmerloodsen of dergelijke gebouwen niet tot immigrantenwoningen mogen worden gebezigd;

dat bij de woningen tot het gebruik der immigranten aanwezig zijn keukens en latrines van
genoegzame grootte, ter beoordeeling van den
agent-generaal;

dat de grond, waarop de woningen staan, behoorlijk op lozing worde gehouden.

Tot het blijven gebruiken van reeds bestaande
woningen, die niet aan de vorenstaande vereischten
voldoen, kan de Gouverneur, den agent-generaal
gehoord, toestemming verleenen.
B. *Wat de geneeskundige behandeling en verpleging
betreft:*
dat ten behoeve van de immigranten met hunne
gezinnen in genees- heel- en verloskundige hulp
worde voorzien, en al hetgeen daartoe behoort,
verstrekt.

Art. 57.

De huurder zal de loonen geregeld naar het bestaande of later vast te stellen tarief van werktaken
en loonen, of wel overeenkomstig het in de overeenkomst bepaalde, wekelijks uitbetalen.

Art. 58 [1]).

De huurder is verplicht om de nieuw in de
kolonie aangekomen immigranten, die dit verlangen
gedurende de eerste drie maanden na aankomst
op de onderneming van levensmiddelen te voorzien,
volgens maatstaf en prijs als door den Gouverneur
van tijd tot tijd worden bepaald. Wanneer zoodanig
immigrant binnen drie maanden op eene andere
onderneming mocht worden te werk gesteld, gaat
deze verplichting voor den nog overigen duur op
den nieuwen huurder over.

Het rantsoen zal voor immigranten van 10—15
jaar de helft, en voor kinderen beneden evenge-
noemden leeftijd een derde bedragen van de hoeveelheid voor volwassen immigranten bepaald.

Het door den Gouverneur vast te stellen kostende
der rantsoenen zal wekelijks bij de uitbetaling van
het loon daarop mogen worden gekort, met dien
verstande, dat hetgeen de immigrant in elke week
minder aan loon mocht hebben te goed gemaakt
dan de kosten der rantsoenen, hem niet in rekening mag worden gebracht.

Voor het kostende der rantsoenen verstrekt aan
kinderen beneden de 10 jaar is niets verschuldigd.

---

1) Art. 58 werd gewijzigd door K. B. van 29 Juli 1895
N°. 18, G. B. 1895 N°. 39 en K. B. van 4 Juni 1896 N°.
36, G. B. 1896 N°. 21.

Art. 59.

Het is verboden een bij een ander in huur zijnden immigrant te werk te stellen.

Art. 60.

Indien een immigrant zich van de plantage of den grond waarop hij gevestigd is, zonder vergunning verwijdert, zal de gezagvoerder hiervan binnen 48 uren aan den districts-commissaris of op het naaste politiestation kennis geven, met vermelding van den naam, van het contractnummer, het nummer van inschrijving, het geslacht, den ouderdom en het signalement van zoodanigen immigrant.

Art. 61.

Elke maand zal de gezagvoerder een monsterrol opmaken van al de immigranten, die bij hem in huur zijn. Hij, of iemand van zijnentwege, zal elken morgen tusschen 5 en 6 ure de immigranten bij namen oproepen.

Hij teekent aan: wie tegenwoordig zijn, wie zich reeds naar de werkplaats begeven hebben of zich verwijderden zonder verlof, of wie door straf of ziekte verhinderd worden te verschijnen.

Hij teekent die monsterrol dagelijks af en bewaart ze zorgvuldig.

Art. 62.

De Gouverneur kan, bijaldien de immigranten daarin toestemmen, toestaan dat de huurder deze tijdelijk op eene andere plantage of eenen anderen grond dan waarvoor zij oorspronkelijk gehuurd zijn, te werk stelt.

Art. 63.

De gezagvoerder is verpligt den pas, bedoeld bij art. 67, aan iederen immigrant, die zich tot het verkrijgen daarvan aanmeldt, uit te reiken, met dien verstande evenwel, dat er aan niet meer dan drie immigranten van een en dezelfde plantage of grond tegelijk een dergelijke pas behoeft te worden afgegeven.

Art. 64.

Ten opzigte van den arbeid, waartoe de immigrant zich bij overeenkomst verbindt, wordt, behoudens hetgeen bij internationale overeenkomsten mogt zijn voorgeschreven, het jaar berekend op 300 werkdagen, een werkdag op 8 uren veld- of 10 uren fabriekarbeid.

De werktaken en loonen worden berekend naar het bestaande of nader te maken tarief, voor zoover deswege tusschen den huurder en den immigrant niet anders is overeengekomen.

Art. 65.

De overeenkomsten leggen, tenzij daarbij uitdrukkelijk het tegendeel bedongen is, den immigrant de verpligting op, om allen plantage-arbeid, welken ook, die hem wordt opgedragen en waartoe hij naar het oordeel van den districs-commissaris, zoo noodig door een bevoegd geneeskundige voorgelicht, in staat is, te verrigten.

De immigrant mag zich ook niet onttrekken aan het houden van de wacht des nachts, aan het wacht houden bij sluizen en in kostgronden, en evenmin aan zoodanige diensten, welke ook op zon- en feestdagen kunnen worden gevorderd, als het roeijen op vaartuigen, het verrigten van huiswerk, de verzorging van vee en dergelijken.

Gedurende de malingen met watermolens, gedurende den tijd der inzameling, en, zoo noodig, bij de bereiding en afwerking der producten, zijn zij ook tot arbeid des zondags gehouden, behoudens het regt om den aldus verloren rustdag op een werkdag in de volgende week te genieten.

Arbeiders, die des nachts werkzaam zijn geweest, hebben den daarop volgenden dag regt op zoovele uren rust als zij in den afgeloopen nacht hebben verloren.

Art. 66 [1]).

De districts-commissaris zoo noodig bijgestaan door een geneeskundige, zal bij zijne bezoeken op

---

1) Art. 66 werd gewijzigd bij K. B. van 1 Maart 1878 N°. 32, G. B. 1878 N°. 11.

de plantages of gronden, waaraan immigranten door overeenkomst verbonden zijn, onderzoeken, ingeval een immigrant zijne verpligting niet ten volle nakomt, of dit kan worden toegeschreven aan zijn nog te kortstondig verblijf in de kolonie, aan tijdelijk zwakke ligchaamsgesteldheid of aan voortdurende ligchamelijke ongesteldheid.

In de beide eerste gevallen schrijft de districts-commissaris een termijn voor, gedurende welken de immigrant geheel of gedeeltelijk van arbeid moet worden vrijgesteld en in het laatste geval legt hij hem, overeenkomstig zijne krachten, het verrigten van $^3/_4$, $^1/_2$ of $^1/_4$ taak op.

Het loon van den immigrant wordt daarnaar geregeld. Geen halve taak kunnende verrigten of niet genoegzaam kunnende verdienen om zich voldoende voeding te verschaffen, wordt hij, bijaldien dit door hem of den agent-generaal wordt verlangd, door den huurder van voedsel voorzien naar denzelfden maatstaf en den prijs als krachtens art. 58 voor pas aangekomen immigranten is vastgesteld, met dien verstande dat hetgeen die voeding meer kost, dan het gedurende den tijd der verstrekking verdiende loon in geen geval den immigrant als schuld zal worden aangerekend.

De bepalingen van dit artikel kunnen echter nimmer worden aangevoerd om den huurder te ontslaan van de verpligting om aan zulke immigranten kosteloos de voeding, overeenkomstig het door den geneeskundige voorgeschreven diëet, te verstrekken.

Art. 67 [1]).

Behoudens hetgeen bij internationale overeenkomst is of zal worden bepaald, heeft ieder immigrant de bevoegdheid om, indien hij klagten, welke ook of tegen wien ook, meent te moeten inbrengen, zich, voorzien van een verlofpas door den gezagvoerder van de plantage of den grond waar hij werkzaam is, of diens plaatsvervanger, geteekend, te begeven naar den districts-commissaris om zich te beklagen, met dien verstande nogtans dat niet

---

1) Art. 67 werd gewijzigd bij K. B. van 1 Maart 1878 N°. 32, G. B. 1878 N°. 11.

meer dan drie immigranten van een en dezelfde plantage of grond tegelijkertijd van die bevoegdheid gebruik kunnen maken.

De districts-commissaris doet van de aldus bij hem ingebrachte klachten binnen den tijd van acht dagen mededeeling aan den agent-generaal met vermelding welk gevolg daaraan door hem is gegeven.

Art. 68.

De overeenkomst van een immigrant, die in den loop van het jaar door desertie of door het zich op andere wijze willekeurig onttrekken aan den arbeid niet aan het werk is geweest, zal, na behoorlijk bewijs daarvan, door den districts-commissaris met even zooveel dagen worden verlengd, als de immigrant zich willekeurig aan den arbeid heeft onttrokken.

Art. 69.

De districts-commissaris teekent op de overeenkomsten der immigranten aan de werkverzuimen, die ingevolge het bepaalde bij het vorig artikel moeten worden ingewerkt, en den duur, waarmede hunne verbindtenissen dientengevolge zijn verlengd. Hij geeft daarvan kennis aan den agent-generaal.

Art. 70 [1]).

Voor immigranten, die bij de door hen ter plaatse van inscheping gesloten overeenkomst het regt bedongen hebben op vrije terugreis naar de plaats of haven van inscheping na voleindiging van hunne verbindtenis, zal het certificaat bedoeld bij het eerste lid van art. 49 tot bewijs strekken, dat zij het regt op de vrije terugreis verkregen hebben.

Het regt van vrije terugreis van den immigrant strekt zich uit tot zijne vrouw en zijne kinderen met uitzondering van die, welke bij het vertrek van de plaats van herkomst uit eigen hoofde onder contract verbonden waren.

Werkovereenkomsten, aangegaan met tot huis-

---

1) Art. 70 werd gewijzigd bij K. B. van 1 Maart 1878 N°. 32, G. B. 1878 N°. 11.

gezinnen behoorende immigranten, die bij hunne aankomst in de kolonie niet uit eigen hoofde onder contract waren verbonden, mogen niet later eindigen dan die welke gesloten zijn met de hoofden der huisgezinnen waartoe zij behooren.

Art. 71.

De agent-generaal maakt maandelijks een staat op van de in de afgeloopen maand uitgereikte certificaten van voldoening aan verbindtenissen en zendt dien aan den Gouverneur.

Art. 72.

De agent-generaal is belast met de zorg om de immigranten, die van hun regt op vrije terugreis willen gebruik maken, met den meesten spoed daarin behulpzaam te zijn.

Art. 73.

Het onderzoek naar den toestand van het schip voor den terugvoer van immigranten bestemd, en of alles voor hunne goede behandeling aanwezig is, wordt aan den agent-generaal opgedragen.

Art. 74.

De agent-generaal geeft den gezagvoerder van het schip mede eene nauwkeurige opgave van de namen, het geslacht en den ouderdom van de terugkeerende immigranten, met vermelding van hun ligchamelijken toestand.

Art. 75 [1]).

De voorschriften van de op het stuk van immigratie bestaande verordeningen voor zooveel betreft de werving, aanneming, inscheping en al wat verder betrekking heeft op den aanvoer van emigranten, zijn niet van toepassing op vrije arbeiders, die in getallen van minder dan twintig, met andere dan eigenlijke emigrantenschepen uit *Europa, de Azores, Madera, de Canarische en Kaap Verdische Eilanden,*

---

1) Art. 75 werd gewijzigd bij K. B. van 6 September 1872 N°. 57, G. B. 1872 N°. 24.

uit de *West-Indien* en *Noord-* en *Zuid-Amerika* worden aangevoerd.

Bij aankomst van dergelijke personen zal de schipper of aanvoerder, te *Paramaribo* aan den agent-generaal, en in *Nickerie* aan den districts-commissaris, een staat ter hand stellen, ingerigt als die, bedoeld bij art. 10.

De ambtenaren handelen daarop als bij de artt. 12 en 13 van Ons tegenwoordig besluit is omschreven, en overtuigen zich verder dat de aangevoerden geen gegronde klagten of bezwaren hebben in te brengen tegen de ruimte en de behandeling aan boord gedurende den overtogt. De bepaling van art. 5 van Ons tegenwoordig besluit heeft geene betrekking op deze emigranten.

Zij worden overigens in den zin van de immigratie-verordeningen als emigranten beschouwd, indien:

1°. de werkovereenkomsten met hen op de plaats van afscheping gesloten zijn met personen, die voorzien zijn van eene acte van bekendheid en toelating;

2°. de werkovereenkomsten, die met andere dan de zoo even bedoelde personen zijn gesloten, bij aankomst in de kolonie, voor den agent-generaal te *Paramaribo* of den districts-commissaris te *Nickerie* zijn bevestigd;

3°. eene nieuwe overeenkomst ten overstaan van een der sub 2 genoemde ambtenaren is aangegaan.

Die overeenkomsten moeten overigens voldoen aan de voorschriften, welke voor aannemers of agenten buiten de kolonie bij de artt. 6 en 7 van dit besluit zijn vastgesteld.

Art. 76 [1]).

Door den bevoegden regter worden gestraft:

a. de schipper:

1°. voor het niet naleven der verpligtingen hem bij de bestaande verordeningen op het stuk van immigratie, met betrekking tot den overvoer van

---

1) Art. 76 werd gewijzigd bij het K. B. van 11 Juni 1876 N°. 14, G. B. 1876 N°. 13.

immigranten opgelegd, voor zooverre daarop geene andere straf is gesteld, met eene geldboete van f 100.— tot f 2000.—, onverminderd de actie van het Openbaar Ministerie tegen hem, zoo daartoe termen bestaan, en de vordering der immigranten tot vergoeding van geleden schade;

2°. wegens het niet ontschepen der immigranten binnen den bij art. 14 bepaalden tijd, met eene geldboete van f 2.50 per immigrant voor elken dag verzuim;

3°. voor het aan boord nemen van een grooter getal emigranten dan volgens de op het stuk van immigratie bestaande bepalingen mogen worden ingescheept, met verbeurdverklaring eener som gelijk aan het bedrag der premien voor de geheele bezending verschuldigd.

b. de aanvoerder, of ingevolge het voorschrift van art. 40, de huurder, die nalatig blijft in het voldoen aan de verpligting omschreven bij art. 15 van Ons besluit van 19 Maart 1863, N°. 71, met eene geldboete van f 2,50 per dag voor iederen aangebragten en niet gehuisvesten of verpleegden immigrant;

c. een ieder, die schuldig bevonden wordt aan het te werk stellen van een of meer bij een ander in huur zijnden immigrant of immigranten, met eene boete van vijf gulden per dag en per hoofd voor iederen aldus te werk gestelden immigrant;

d. de gezagvoerder, die verzuimt de aangiften te doen bedoeld bij art. 60, of te voldoen aan de voorschriften van art. 61 met betrekking tot de monsterrol, of binnen de grenzen omschreven bij art. 63 den door een immigrant verlangden bij art. 67 vermelden pas weigert; — met eene boete van tien tot honderd gulden;

e. de huurder van immigranten of de gezagvoerder die niet voldoet aan de voorwaarden door dezen bij overeenkomst bedongen of aan de wettelijk hem opgelegde verpligtingen, bijaldien op de overtreding geen andere straf is gesteld, met een boete van vijf en twintig tot vijfhonderd gulden, onverminderd de schadeloosstelling door den regter toe te kennen, zoo daartoe termen bestaan.

Art. 77 [1]).

Indien de huurder van of gezagvoerder over immigranten bij herhaling is veroordeeld krachtens de bepaling van § *e* van het vorig artikel, of wel zich schuldig maakt aan mishandeling of doorgaande slechte behandeling van immigranten, is het Hof van Justitie op daartoe door den Procureur-Generaal in te stellen actie, bevoegd:

a. tot vernietiging der overeenkomst onverminderd de schadeloosstelling aan de immigranten toe te kennen, zoo daartoe termen bestaan.

b. hem het in huur nemen van of het gezag voeren over immigranten te ontzeggen.

Art. 78.

Met uitzondering van de gepleegde werkverzuimen, waarmede wordt gehandeld als bij art. 55 is voorgeschreven, moeten alle overtredingen bedoeld bij art. 12 der Publicatie van 27 April 1863 (G. B. N°. 11) binnen 14 dagen, na ter kennis gekomen te zijn van den gezagvoerder, bij de bevoegde autoriteit aangebragt worden.

Na dien termijn aangebragt zijnde, heeft geen onderzoek of vervolging meer plaats.

Art. 79.

De districts-commissaris zendt vóór den 15den van elke maand aan den Procureur-Generaal een extract over de afgeloopen maand uit het register, waarin hij alle door immigranten gepleegde overtredingen en de hun opgelegde straffen opteekent.

Art. 80.

Dit besluit treedt in werking gelijktijdig met de wet van 20 Januari 1872 (Staatsblad N°. 4).

Onze Minister van Koloniën is belast met de uitvoering van dit besluit, waarvan afschrift zal worden gezonden aan Onze Ministers van Buitenlandsche Zaken, van Binnenlandsche Zaken en van

---

1) Art. 77 werd door een nieuw art. vervangen bij K. B. van 11 Juni 1876 N°. 14, G. B. 1876 N°. 13.

Financien, aan de Algemeene Rekenkamer en aan den Raad van State.

Het Loo, den 22 Maart 1872.
(get.) WILLEM.

De Minister van Kolonien,
(get.) VAN BOSSE.

Accordeert met het Origineel,
De Secretaris-Generaal bij het
Ministerie van Kolonien,
(get.) FEITH.

Voor eensluidend afschrift,
De Secretaris-Generaal,
FEITH.

Heeft de opneming daarvan in het Gouvernements-blad bevolen.

Gedaan te Paramaribo, den 3 Mei 1872.
VAN IDSINGA.

De Gouvernements-Secretaris,
E. A. VAN EMDEN.

Uitgegeven den 17 Mei 1872.
De Gouvernements-Secretaris,
E. A. VAN EMDEN.

BIJLAGE A.

1872.   N°. 16.

GOUVERNEMENTSBLAD DER KOLONIE SURINAME.

BESLUIT

van den 13 Juni 1872, G. B. N°. 16,

ter uitvoering van de artt. 54 en 55 van het Koninklijk Besluit van den 22 Maart 1872 N°. 27 (G. B. N°. 8) tot aanvulling en wijziging der bestaande verordeningen betreffende immigratie.

IN NAAM DES KONINGS!

DE GOUVERNEUR VAN *SURINAME*,

Overwegende dat ter uitvoering van de artt. 54 en 55 van het Koninklijk Besluit van den 22 Maart 1872 N°. 27 (G. B. N°. 8) *tot aanvulling en wijziging der bestaande verordeningen betreffende immigratie* het noodig is, het navolgende vast te stellen;

Heeft, den Raad van Bestuur gehoord, besloten:

Artikel 1 [1]).

Het register bedoeld bij art. 54, het werkregister en het briefje betreffende werkverzuim, bedoeld bij alinea 1 en bij alinea 4 van art. 55 van het Koninklijk Besluit dd. 22 Maart 1872 N°. 27 (G. B. N°. 8), worden ingerigt, het eerste overeenkomstig het onder Lᵃ *A*, het tweede overeenkomstig het onder Lᵃ *B*, en het derde overeenkomstig het onder Lᵃ *C* bij dit Besluit gevoegde model.

Art. 2.

Indien er geen veranderingen als bedoeld bij de 2ᵉ alinea van art. 54 onder de immigranten hebben plaats gevonden, zendt de gezagvoerder de bij die alinea voorgeschreven opgave in negativen vorm aan den districts-commissaris.

---

1) Kolom 9 (betreffende overwerk) van model *B.* werd gewijzigd bij Besluit van 28 Februari 1881 N°. 2.

Art. 3.

Het bij de 3e alinea van art. 55 bedoeld volledig extract wordt, onder vermelding van de dagteekening der inzending, door den gezagvoerder onderteekend.

Gegeven te Paramaribo, den 13 Juni 1872.

VAN IDSINGA.

De Gouvernements-Secretaris,

E. A. VAN EMDEN.

Uitgegeven den 26 Juni 1872.

De Gouvernements-Secretaris,

E. A. VAN EMDEN.

BIJLAGE B.

1894.   N°. 19.

GOUVERNEMENTSBLAD DER KOLONIE SURINAME

BESLUIT

van 28 Mei 1894,

ter uitvoering van art 58 van het Koninklijk Besluit van 22 Maart 1872 N°. 27 (G. B. N°. 8) tot aanvulling en wijziging der bestaande verordeningen betreffende immigratie.

IN NAAM DER KONINGIN!

DE WAARNEMENDE GOUVERNEUR VAN *SURINAME,*

Overwegende dat, ter uitvoering van art. 58 van het Koninklijk Besluit van 22 Maart 1872 N°. 27 (G. B. N°. 8), tot aanvulling en wijziging der bestaande verordeningen betreffende immigratie, het noodig is het navolgende vast te stellen;

Heeft, den Raad van Bestuur gehoord, besloten:

Art. 1.

De maatstaf en de prijs volgens welken de huurder, overeenkomstig het voorschrift van art. 58 van het Koninklijk Besluit van 22 Maart 1872 N°. 27 (G. B. N°. 8) verplicht is immigranten uit *Nederlandsch-Indië,* die zulks verlangen, van levensmiddelen te voorzien, worden bepaald als volgt:

Voor volwassenen van beide seksen, d. i. van den leeftijd van 15 jaar en daarboven.

Rijst	0.75 Kg.	
Gezouten of versch vleesch (geen varkensvleesch)	0.20	„
of gedroogde visch.	0.12	„
of bakkeljauw	0.25	„
of versche visch	0.15	„
Koffie	0.03	„
Bruine suiker	0.15	„
Klapperolie	0.0175 L.	
Zout	naar behoefte.	
Brandhout	„	„
Groene of inlandsche peper	„	„

Dagelijks tegen vergoeding van f 0.20.

Gezouten vleesch mag hoogstens op twee dagen elke week gegeven worden.

Het rantsoen zal al dan niet gekookt worden uitgedeeld naar verkiezing der arbeiders.

| Voor niet-volwassenen van beide seksen, d. i. van den leeftijd van 10 tot beneden 15 jaar, de helft van de bovenvermelde hoeveelheid voor volwassenen. | Dagelijks tege vergoeding va f 0.10. |
| Voor kinderen van beide seksen, beneden den leeftijd van 10 jaar, een derde van de bovenvermelde hoeveelheid voor volwassenen. | Dagelijks tege vergoeding va f 0.07. |

Art. 2.

Dit Besluit treedt in werking op den dag zijne afkondiging.

Gegeven te Paramaribo, den 28sten Mei 189

TONCKENS.

De waarn. Gouvernements-Secretaris,

WEYTINGH.

Uitgegeven 28 Mei 1894.

De waarn. Gouvernements-Secretari

WEYTINGH.

BIJLAGE D.

VOORWAARDEN DER OP JAVA MET EMIGRANTEN GESLOTEN WORDENDE WERKOVEREENKOMSTEN.

I. De contractant ter eenre zal ten behoeve van eene door den agent-generaal voor de immigratie in Surinamo aan te wijzen onderneming aldaar veld- en fabrieksarbeid verrichten.

II (1). Het aantal werkuren gedurende welke de contractant ter eenre ten behoeve van boven-bedoelde onderneming moet arbeiden, bedraagt op elken werkdag *zeven* uren op het veld of *tien* uren in de fabriek.

(2) Tot arbeid gedurende langeren tijd kan hij in geen geval verplicht worden.

(3) Onder veld- en fabrieksarbeid wordt, tenzij uitdrukkelijk het tegendeel bedongen is, alle plantage-arbeid begrepen welke hem wordt opgedragen en waartoe hij naar het oordeel van den districts-commissaris, zoo noodig door een bevoegd genees-kundige voorgelicht, in staat is, te verrichten.

De contractant ter eenre mag zich ook niet ont-trekken aan hem opgelegde wachtdiensten gedurende den nacht en evenmin aan zoodanige diensten, welke ook op Zon- en feestdagen kunnen worden gevorderd, als het roeien op vaartuigen, het ver-richten van huiswerk, de verzorging van vee en dergelijken.

Gedurende de malingen met watermolens, ge-durende den tijd der inzameling, en, zoo noodig, bij de bereiding en afwerking der producten, is hij ook tot arbeid des Zondags gehouden, behoudens het recht om den aldus verloren rustdag op een werkdag in de volgende week te genieten.

Arbeiders, die des nachts werkzaam zijn geweest, hebben den daarop volgenden dag recht op zoovele uren rust als zij in den afgeloopen nacht hebben verloren.

(4) Het werken op taak kan bij onderlinge over-eenkomst nader worden geregeld.

III (1). Het aan den contractant ter eene zijde uit te betalen loon wordt berekend naar het tarief, vastgesteld bij publicatie van het Gouvernement van Suriname.

(2). Dit loon zal minstens bedragen:

A. Bij het werken op tijd: voor volwassen, lichamelijk volkomen geschikte mannen, oud 16 jaren en daarboven, *zestig* centen Nederlandsch — en voor volwassen doch lichamelijk niet volkomen geschikte mannen, zoomede voor jongelingen van 10—16 jaren en voor volwassen en minderjarige vrouwen, *veertig* centen Nederlandsch voor een vol dagwerk als bedoeld bij het eerste lid van art. II.

B. Bij het werken op taak: hetzelfde bedrag dat betaald wordt aan niet op contract werkende arbeiders op dezelfde of naburige ondernemingen, of aan onder contract werkende arbeiders op naburige plantages; met dien verstande dat dit loon evenveel moet bedragen als het minimum loon voor een vol dagwerk, bedoeld bij het eerste lid van art. II.

(3). Voor kinderen beneden 10 jaren wordt geen loon bepaald, daar zij niet tot arbeid verplicht zijn; wanneer zij evenwel arbeid verrichten, zal hun loon naar gelang van hunne geschiktheid worden geregeld.

(4). Voor het overwerken bij arbeid op tijd wordt op den eerstvolgenden betalingsdag een afzonderlijk loon betaald, te berekenen per uur en naar verhouding van tijd evenveel bedragende als dat, hetwelk in den contractueelen werktijd verdiend wordt.

(5). Het overeengekomen minimumloon, bedoeld bij dit artikel, zal ook worden uitbetaald over de werkdagen, gedurende welke aan den contractant ter eenre geen werk wordt verschaft.

IV. De contractant ter eenre heeft geen recht op voeding. Hem zal echter, indien hij dit verlangt, gedurende de drie eerste maanden na aankomst in de kolonie voeding worden verstrekt tegen verrekening van den door den Gouverneur van Suriname vast te stellen prijs met zijn loon, op den voet van artikel V.

V (1). Het loon wordt wekelijks op een vasten dag uitbetaald in geld, na aftrek, indien op grond van het bepaalde bij art. IV verstrekking van voeding heeft plaats gehad, van den prijs van de gedurende die week verstrekte voeding.

(2). Is in die week minder loon verdiend dan de prijs der verstrekte voeding bedraagt, dan wordt de rekening toch als vereffend beschouwd; in eene volgende week mag dus niet op het loon gekort worden voor in eene vorige week onverrekend ge-bleven voeding.

VI (1). Behalve in de gevallen omschreven in art. II hiervoren, is de contractant ter eenre tot geen arbeid verplicht op Zondagen en op door het Gouvernement van Suriname erkende feestdagen, benevens op zijn eigen feestdagen, waaronder de drie dagen van het Mohammedaansche nieuwjaar, met dien verstande dat in elk der jaren, waarvoor deze overeenkomst gesloten is, door hem 300 dagen moet worden gearbeid.

(2). Bij de berekening van den duur der verrichte diensten of van de overeenkomst wordt de tijd, gedurende welken de contractant ter eene zijde wegens desertie of het ondergaan van straf niet gewerkt heeft, niet in rekening gebracht.

(3). De tijd, gedurende welken hij overwerk heeft verricht, wordt voor de berekening van den dienst-tijd medegeteld en wel zoodanig dat elke *zeven* uren veld- en elke *tien* uren fabrieksarbeid tellen voor één vollen werkdag.

VII. Aan den contractant ter eene zijde wordt kosteloos woning en drinkwater voor hem en zijn gezin en in geval van ziekte — tenzij deze het gevolg is van persoonlijk slecht gedrag — koste-looze geneeskundige behandeling en verpleging verstrekt.

VIII (1). De contractant ter andere zijde neemt aan den contractant ter eenre en diens gezin vrijen overtocht te geven naar de plaats zijner bestemming.

(2). Na ommekomst van zijn verband heeft de arbeider het recht op vrijen terugtocht voor zich en zijn gezin naar de plaats zijner herkomst of zijne laatste woonplaats.

(3). Hij behoudt dit recht tot dat hij daarvan uitdrukkelijk afstand heeft gedaan.

(4). Indien de contractant ter eenre na ommekomst van dit verband eene nieuwe verbintenis
aangaat voor niet korter dan één jaar, zal hij aanspraak kunnen maken op eene premie tot een nader
over een te komen bedrag.

IX. De kinderen van den contractant ter eenre
tusschen den leeftijd van 9 en 12 jaar moeten,
waar eene kostelooze Gouvernementsschool aanwezig is, deze bezoeken. De ouders of verzorgers,
die in gebreke blijven dat schoolbezoek te verzekeren, zijn strafbaar met geldboete of bij wanbe-
taling met gevangenis volgens de bestaande bepalingen.

X. Deze overeenkomst wordt aangegaan voor
den tijd van vijf achtereenvolgende jaren, ingaande
op den dag van aankomst in de kolonie.

BIJLAGE E.

VOORWAARDEN WAARONDER HERCONTRACTEN MET IMMIGRANTEN WORDEN GESLOTEN.

De ondergeteekende,

contractant ter éénre,
en de hieronder te noemen immigrant uit
                            van beroep veld
fabriekarbeider, contractant ter andere,

verklaren te zijn overeengekomen het navolgende

De ondergeteekende, contractant ter andere, verbindt zich op nieuw voor den tijd van
               , in te gaan op
als veld-   fabriekarbeider werkzaam te zijn
in dienst van

op de plantage:

en wel onder de navolgende voorwaarden:

1°. Dat contractant ter andere veld- of fabriekarbeid zal verrichten op de genoemde plantage, gedurende den hierboven vermelden tijd van
wordende het jaar berekend op drie honderd dertien werkdagen, elke week op zes werkdagen en elke werkdag op zeven uren arbeids in het veld of tien uren in de fabriek, zullende, behalve op Zon- en door het Gouvernement erkende feestdagen, mede geen arbeid of dienst worden gevorderd op zijne godsdienstige feestdagen.
Evenwel zal contractant ter andere op zoodanige dagen arbeid mogen verrichten, indien zijn huurder werk voor hem heeft, terwijl in dat geval elke

dag arbeid in mindering gerekend wordt van den overeengekomen diensttijd.

De immigrant mag zich ook niet onttrekken aan het houden van de wacht des nachts, aan het wacht houden bij sluizen en in kostgronden, en evenmin aan zoodanige diensten, welke ook op Zon- en feestdagen kunnen worden gevorderd, als het roeien op vaartuigen, het verrichten van huiswerk, de verzorging van vee en dergelijken.

Gedurende de malingen met watermolens, gedurende den tijd der inzameling, en, zoo noodig, bij de bereiding en afwerking der producten, is hij ook tot arbeid des Zondags gehouden, behoudens het recht om den aldus verloren rustdag op een werkdag in dezelfde week te genieten.

Een arbeider, die des nachts werkzaam is geweest, heeft den daarop volgenden dag recht op zoovele uren rust, als hij in den afgeloopen nacht heeft verloren.

2°. Dat de contractant ter éénre den contractant ter andere, gedurende den duur dezer overeenkomst, alle plantagearbeid zal mogen opdragen, waarvoor hij niet physiek ongeschikt is;

dat contractant ter éénre den contractant ter andere op elken werkdag een vol dagwerk zal geven, bij gebreke waarvan contractant ter andere recht zal hebben op zijn minimum dagloon;

dat de opdracht van werk zal geschieden, 't zij voor een zeker aantal uren (time work), 't zij — bij onderlinge overeenkomst tusschen arbeider en huurder — bij taakwerk, zullende in dit geval de dagtaak voor veldarbeid niet zwaarder zijn dan in zeven uren en de dagtaak voor fabriekarbeid niet zwaarder dan in tien uren kan worden verricht door een gezonden, volwassen, mannelijken arbeider van of boven den ouderdom van vijftien jaar;

dat de contractant ter éénre bij de opdracht van werk aan den contractant ter andere hem bekend zal maken of hij voor zoodanig werk per taak of per dag zal worden betaald en tegen hoeveel per taak of per dag afzonderlijk.

3°. Dat het door contractant ter andere verdiende loon elke week geregeld aan hem zal betaald worden in geld, zonder eenige andere korting dan bij algemeene verordening toegelaten en dat alle extra-werk voor een zeker aantal uren zal betaald worden per uur, naar den maatstaf van hetgeen voor hetzelfde werk per uur betaald wordt;

dat het loon zal geregeld worden volgens publicatie van 1861 (G. B. N°. 1);

dat het loon zoowel voor een werkdag als voor een dagtaak voor een gezonden, volwassen, mannelijken immigrant van of boven den ouderdom van vijftien jaar, niet minder zal bedragen dan zestig cent voor elken dagtaak of elken werkdag, waarop hij inderdaad arbeidt en voor alle anderen, niet minder dan veertig cent, met dien verstande, dat bij taakwerk het bedrag van het loon van een gezonden, volwassen, mannelijken arbeider van of boven den ouderdom van vijftien jaar niet minder mag zijn, dan aan een niet·gecontracteerden arbeider voor 't zelfde werk betaald wordt op dezelfde of op een naburige plantage;

dat wanneer contractant ter andere tot veld- of fabriekarbeid gebezigd wordt, waartoe de medewerking van andere arbeiders vereischt wordt, zoodanig dat de traagheid of nalatigheid van één hunner ten gevolge zou kunnen hebben, dat hij het volle bedrag van het loon, dat hij anders gedurende den dag zou verdiend hebben, niet te goed maakt, het loon hem per dag en niet per taak zal worden betaald.

4°. Dat de contractant ter éénre aan den contractant ter andere gedurende den duur dezer overeenkomst vrije woning zal verstrekken, met een genoegzame hoeveelheid zuiver, gezond water om te drinken en den pot te koken.

5°. Dat de contractant ter éénre aan den contractant ter andere gedurende den duur dezer overeenkomst, in geval van ziekte, vrije geneeskundige behandeling, verpleging en voeding zal verstrekken, 't zij in het plantage-ziekenhuis, 't zij in het Militair-Hospitaal, 't zij in een van 's Lands infirmeriën;

dat contractant ter andere echter geen loon ontvangen zal, zoolang hij door ziekte buiten staat is te arbeiden, terwijl de kosten der geneeskundige behandeling komen voor rekening van contractant ter andere, ingeval zijn ziekte, naar het oordeel van de bevoegde autoriteit, door zijn eigen wangedrag is veroorzaakt.

6°. Dat contractant ter éénre in een daartoe bestemd register, op de wijze door den Agent-Generaal goedgekeurd, aanteekening zal houden of doen houden van extra-werk en daarin op den wekelijkschen betaaldag als overwerk zal vermelden, het getal uren en minuten, dat contractant ter andere in de afgeloopen week boven den in het contract bepaalden arbeid zal hebben verricht.

Wanneer en zoodra het totaal van overwerk per uur, door contractant ter andere verricht, zoodanig getal dagen, elk van zeven uren veld- of tien uren fabriekarbeid bedraagt, dat dat getal met het getal dagen overeenkomstig en onder de bepalingen van dit contract gewerkt, het geheel uitmaakt van het getal werkdagen bij dit contract bedongen, zal het contract geheel geëindigd zijn en zal contractant ter andere gerechtigd zijn zijn ontslag te vragen, alsof de volle termijn van jaren, berekend van den dag van ingang van dit contract, verstreken was.

7°. Dat, indien contractant ter andere ter zake van eenig misdrijf tot gevangenisstraf is veroordeeld, de daartoe bevoegde ambtenaar op grond van zoodanige veroordeeling zal bevelen, dat een gelijk aantal dagen als in zoodanige gevangenisschap is doorgebracht, bij den termijn zal gevoegd worden, gedurende welken contractant ter andere gehouden is te werken en de diensttijd dienovereenkomstig worde verlengd.

De diensttijd wordt mede door den daartoe bevoegden ambtenaar met evenveel dagen verlengd als hem gebleken is, dat contractant ter andere wegens desertie van de plantage afwezig is geweest.

8°. Dat, ingeval gedurende den loop van dit contract, contractant ter andere voor den arbeid ongeschikt mocht geworden zijn, zonder dat er vooruitzicht op beterschap bestaat hij, indien hij van zijn recht op vrije terugreis geen afstand heeft gedaan, met de eerste gelegenheid voor zich en zijn gezin vrije terugreis naar Indië zal erlangen, zonder dat 't verstrijken der overeenkomst behoeft te worden afgewacht.

9°. Dat de contractant ter andere, ingeval hij daarvan geen afstand heeft gedaan, na het einde van deze overeenkomst vrije terugreis naar Indië zal erlangen, zullende hem echter vergund worden in de kolonie te blijven zonder eenige verbintenis, wanneer zijn gedrag goed is geweest en hij eigen middelen van bestaan heeft.

In dit laatste geval zal hem, zoo hij dit verlangt, overeenkomstig de daaromtrent geldende voorschriften domeinland ter bebouwing worden afgestaan.

Na volbrachten diensttijd zal het hem vrijstaan om in plaats van in de kolonie te blijven of naar Indië terug te keeren, zich op eigen kosten naar elders te begeven.

10°. Dat, indien contractant ter andere na het einde van deze overeenkomst een nieuwe werk-overeenkomst aangaat, hij aanspraak heeft op een premie, en na het einde van zoodanige nieuwe overeenkomst zijn recht op vrije terugreis behoudt, ingeval hij daarvan geen afstand heeft gedaan.

11°. Dat contractant ter andere belooft alle ver-ordeningen op den arbeid, voorzoover de voorschriften daarvan niet strijdig zijn met de bepalingen van dit contract, stipt en getrouw te zullen naleven en zoodanigen eerbied en gehoorzaamheid te be-toonen, als een arbeider of dienstbode verschuldigd is aan dengene, wien hij zich verbindt te dienen.

12°. Dat contractant ter andere in tegenwoor-digheid van den Agent-Generaal of van den Districts-Commissaris, te wiens overstaan dit contract ge-sloten wordt, bij de onderteekening van dit con-tract zal ontvangen een premie van

13°. Dat contractant ter andere alle burgerlijke rechten geniet, welke aan een ingezetene zijn toe-gekend en een immigrant uit Britsch-Indië op dezelfde wijze als elke onderdaan van de Britsche Kroon en overeenkomstig de regels van het vol·

kenrecht, de bevoegdheid heeft om den bijstand in te roepen van den Britschen consul, zullende voorzoover deze arbeider daardoor niet te kort doet aan zijne verplichtingen uit dit contract voortvloeiende, hem geen belemmering in den weg worden gelegd om zich tot den Britschen consul te wenden.

14°. Dat contractant ter éénre den contractant ter andere verklaart te hebben gehuurd tot het doel en onder de voorwaarden hiervoren vermeld, en belooft deze voorwaarden getrouw te zullen nakomen en contractant ter andere vriendelijk te zullen behandelen.

Beide partijen verklaren met vorenstaande voorwaarden volkomen genoegen te nemen en tot nakoming daarvan hunne personen en goederen, overeenkomstig de bepalingen der wet te verbinden, ten blijke waarvan zij deze hebben onderteekend te

op heden den

Vorenstaande overeenkomst aangegaan te mijnen overstaan, nadat zij aan den betrokken arbeider in zijne moedertaal is vertolkt en hij den inhoud daarvan blijkbaar goed heeft verstaan, waarna aan hem de in § 12 bedongen premie is uitbetaald

den.. 18.........

Door mij vertolkt:

De................................

1872.   N°. 13.

GOUVERNEMENTSBLAD DER KOLONIE SURINAME.

VERORDENING

van den 5 Maart 1872,

betreffende het Regt van Zegel.

IN NAAM DES KONINGS!

DE GOUVERNEUR VAN *SURINAME*,

In overweging genomen hebbende dat er noodzakelijkheid bestaat om de belastingen, tot dusverre
hier te lande geheven onder de benamingen van
Klein Zegel, Transport- en Venduregten te vervangen door een in overeenstemming met de thans
alhier bestaande wetgeving verbeterd Zegelregt;

Heeft, den Raad van Bestuur gehoord, na verkregen goedkeuring der Koloniale Staten,

Vastgesteld onderstaande verordening:

1e TITEL.

Van den aard der belasting en de wijze harer
opbrengst.

1ste AFDEELING.

ALGEMEENE BEPALINGEN.

Artikel 1.

Er wordt onder de benaming van Zegelregt eene
belasting geheven van akten en geschriften in de
volgende artikelen aangeduid.

III⁰ TITEL.

VAN DE VRIJSTELLINGEN.

Art. 43 ¹).

Onverminderd de vrijstellingen, reeds in andere
artikelen van deze verordening voorkomende, of
bij de wetboeken en bij hier te lande bestaande
en van kracht blijvende of bij later vast te stellen
verordeningen verleend of nog te verleenen, worden
van het zegelregt vrijgesteld:

4⁰. Alle akten, schrifturen of andere stukken,
benoodigd en dienende in zaken of handelingen
betreffende den invoer van vreemde arbeiders in
de kolonie.

---

1) Art. 43 sub 4 werd gewijzigd bij art. 12 der Verordening
van 22 November 1886, G. B. 1886 N°. 42.

1877. N°. 10.

GOUVERNEMENTSBLAD DER KOLONIE SURINAME.

VERORDENING

van den 8sten December 1876,

houdende voorloopige voorzieningen betrekkelijk het lager onderwijs in de kolonie Suriname, in afwachting eener definitieve regeling van het onderwerp.

IN NAAM DES KONINGS!

DE GOUVERNEUR VAN SURINAME,

In overweging genomen hebbende: · dat voorloopige voorziening in den toestand van het lager onderwijs in de kolonie dringend vereischt wordt, in afwachting dat eene definitieve regeling kan worden tot stand gebragt,

Heeft, den Raad van Bestuur gehoord, na verkregen goedkeuriug der Koloniale Staten, vastgesteld onderstaande verordening

DERDE AFDEELING

houdende bepalingen omtrent den aard van het onderderwijs, de wijze waarop er van zal worden gebruik gemaakt en de beregting der overtredingen.

Art. 18.

Ouders, voogden of verzorgers zijn verpligt om aan hunne kinderen of pupillen van 7—12 jaren, waar gelegenheid hiertoe bestaat, gewoon lager onderwijs geregeld te doen geven, door de daartoe volgens deze verordening bevoegde personen.

Van deze bepaling kan bij besluit van den Gouverneur vrijstelling verleend worden.

Art. 20.

Ouders, voogden of verzorgers, van welken het blijkt dat zij aan hunne in art. 18 omschrevene verpligting niet voldoen, zonder dat zij bewijzen dat daarvoor geldige redenen bestaan, worden telkens gestraft met eene geldboete van *f* 10. — tot *f* 100.— voor ieder kind.

Ouders, voogden of verzorgers, die hunne kinderen of pupillen van kosteloos gewoon lager onderwijs gebruik doen maken, hetzij op de openbare, hetzij op de bijzondere gesubsidieerde scholen, worden, wanneer deze kinderen of pupillen zich volgens het in het vorige artikel bedoeld register aan schoolverzuim hebben schuldig gemaakt, zonder dat daarvoor geldige redenen bestonden, gestraft met eene geldboete van *f* 1.— tot *f* 10.— voor ieder kind, elke maand waarin verzuimen gepleegd zijn.

Het gezamenlijk bedrag dezer boeten zal echter niet meer mogen bedragen dan *f* 1000.—.

Art. 21.

De overtredingen, welke in deze verordening zijn genoemd en strafbaar gesteld, worden, voor zooveel de bedreigde straffen het maximum van die der Strafverordening van 1874 of die welke haar mogt vervangen niet overschrijden, beregt en gestraft zooals de overtredingen in die verordening opgenomen.

Aan de districts-commissarissen, de ambtenaren van den burgerlijken stand, de wijkmeesters en de politie is in het bijzonder opgedragen, om mede te werken tot de handhaving van art. 18 dezer verordening, op de wijze, zooals hun door den Gouverneur zal worden voorgeschreven.

BIJLAGE.

1878.   N°. 7.

GOUVERNEMENTSBLAD DER KOLONIE SURINAME.

BESLUIT
van den 28sten Maart 1878,

*ter vervanging van dat van 30 Augustus 1877 (G. B.
N°. 14).*

IN NAAM DES KONINGS!

DE GOUVERNEUR VAN *SURINAME,*

Overwegende, dat ter uitvoering van **art.** 18
alinea 2 der verordening van den 8sten December
1876, *houdende voorloopige voorzieningen betrekkelijk
het lager onderwijs in de kolonie Suriname, in afwachting van eene definitieve regeling van het onderwerp (G. B. 1877 N°. 10)* het noodig is, het navolgende vast te stellen;
Heeft, den Raad van Bestuur gehoord, besloten:

Art. 1.

Het besluit van den 30sten Augustus 1877 (G. B.
N°. 14) wordt ingetrokken.

Art. 2.

Van de bepaling van art. 18, alinea 1, der verordening van 8 December 1876 (G. B. 1877 N°.
10) zijn vrijgesteld:
a. ouders, die niet in *Nederland* of in de *Nederlandsche koloniën of bezittingen* zijn geboren,
of door naturalisatie Nederlanders geworden zijn,
wat betreft hunne kinderen; met uitzondering
echter van die ouders, welke alhier als immigranten
zijn of waren ingeschreven;
b. voogden of verzorgers, voor zooveel betreft
pupillen of kinderen, wier ouders zouden vallen
onder de vrijstelling van § *a.*

Art. 3.

Dit besluit treedt in werking op den dag zijner afkondiging.

Gegeven te Paramaribo, den 28sten Maart 1878.

C. A. VAN SIJPESTEIJN.

De Hoofdcommies, belast met de functien van den Gouvernements-Secretaris,

L. C. BATENBURG.

Uitgegeven den 29sten Maart 1878.

De Hoofdcommies, belast met de functien van den Gouvernements-Secretaris,

L. C. BATENBURG.

1879. N°. 8.

GOUVERNEMENTSBLAD DER KOLONIE SURINAME

VERORDENING

van den 21sten Januarij 1879,

waarbij nader worden geregeld de geneeskundige behandeling en verpleging op de plantages en gronden.

IN NAAM DES KONINGS!

DE GOUVERNEUR VAN *SURINAME*,

In overweging genomen hebbende: dat het noodig is de geneeskundige behandeling en verpleging op de plantages en gronden nader te regelen;
Heeft, den Raad van Bestuur gehoord, na verkregen goedkeuring der Koloniale Staten,
vastgesteld onderstaande verordening:

Artikel 1.

Bij besluit van den Gouverneur worden bepaald de gedeelten der kolonie, waarin geneeskundigen zullen gevestigd zijn en welke genaamd zullen zijn geneeskundige districten.

Art. 2 [1]).

Voor elk der ingevolge art. 1 bepaalde geneeskundige districten zal door den Gouverneur een geneeskundige worden aangewezen.
Deze voert den titel van districts-geneesheer.
Aan hem worden toegekend:
a eene bezoldiging voor de geneeskundige praktijk naar gelang van haar gewigt en omvang van minstens *f* 2000.— en hoogstens *f* 6000.— 's jaars;
b. vrije woning of, ingeval geen woning wordt aangewezen, eene toelage van *f* 50.— 's maands; en voor zooveel noodig nog:
c. de som van *f* 12.50 's maands voor een vaartuig;
d. fouragegeld voor één of meer paarden, naar reden van *f* 20.— 's maands voor elk paard;

---

1) Art. 2 werd gewijzigd bij art. 10 van de Verordening van 6 Maart 1896, G. B. N°. 18.

e. restitutie van uitgaven voor de bemanning van het vaartuig volgens door den districts-commissaris voor accoord geteekende declaratien, hoogstens ten bedrage van *f* 125.— 's maands.

Art. 3.

De voor een geneeskundig district aangewezen geneeskundige is verpligt:

a. tot de kostelooze geneeskundige behandeling van allen, die in zoodanig district op vrije geneeskundige behandeling van Gouvernementswege aanspraak hebben, en tot het gratis verrigten der overige door het Bestuur hem als geneeskundige op te dragen diensten;

b. om alle immigranten en hunne gezinnen in het district kosteloos te behandelen;

c. om de andere arbeidersbevolking aldaar kosteloos te behandelen wanneer zijne hulp wordt ingeroepen;

d. om aan de personen in het district, die niet tot de arbeidersbevolking behooren, geneeskundige hulp te verleenen, zoo noodig met bijlevering van medicijnen, tegen genot van hetgeen hem daarvoor verschuldigd is volgens een bij koloniale verordening vastgesteld tarief.

Art. 4.

De immigranten in eenig geneeskundig district worden, uitgezonderd gevallen van urgentie, uitsluitend door den districts-geneesheer behandeld.

De Gouverneur heeft echter de bevoegdheid om in bijzondere gevallen, tegen eene vaste bezoldiging de behandeling van immigranten op eene plantage of grond op te dragen aan een bevoegd geneeskundige, die niet als districts-geneesheer is aangewezen.

Voor de geneeskundige behandeling der onder contract verbonden immigranten, in de 1° en in de 2° alinea bedoeld, is de huurder aan eene belasting onderworpen. Deze is bovendien verpligt ten behoeve der immigranten te voorzien in een behoorlijk ziekenhuis of in ziekenvertrekken overeenkomstig de 2° en 3° alinea van art. 5.

Huurders van immigranten voor digt bij elkander

gelegen plantages of gronden kunnen nogtans, na verkregen goedkeuring van den Gouverneur, volstaan met een voor gezamenlijk gebruik bestemd ziekenhuis.

Art. 5.

Op den huurder van immigranten rust de verpligting om aldaar op zijne kosten ten behoeve van die immigranten met hunne gezinnen, te voorzien in voldoende geneeskundige behandeling en verpleging, voor zoover die hieronder bij de letters c, d, e en f zijn omschreven.

Aan geen plantage of grond zullen immigranten worden toebedeeld, tenzij zich daarop bevindt of daarvoor aanwezig is een behoorlijk ziekenhuis, waaronder wordt verstaan een naar de voorschriften dezer verordening ingerigt gebouw uitsluitend bestemd tot de opname en verpleging van zieken, behoudens dat een der opzigters, zonder gezin, daarin zal mogen wonen. Omtrent dat ziekenhuis zal door den geneeskundigen inspecteur eene verklaring worden afgegeven, ook vermeldende het aantal zieken van beider geslacht, dat daarin verpleegd zal kunnen worden.

Op plantages en gronden, waar het aantal immigranten met hunne gezinnen niet meer dan twintig hoofden bedraagt, mag de huurder volstaan met de beschikbaarstelling van behoorlijke ziekenvertrekken in andere dan tot de opname en verpleging van zieken uitsluitend bestemde gebouwen.

Onder ·behoorlijke ziekenvertrekken worden verstaan vertrekken die voldoen aan de voorschriften van de vijf eerste, de zevende en de achtste alinea van art. 10.

Onder voldoende geneeskundige behandeling en verpleging wordt verstaan:

a. het bezoeken der zieken, minstens twee malen in de week, en voorts zoovele malen meer als de toestand der zieken dit vordert en mogelijk is, door een naar de voorschriften dezer verordening daartoe bevoegd geneeskundige;

b. het verleenen van genees-, heel- en verloskundige hulp;

c. het verstrekken van de vereischte verbanden en van de benoodigdheden, die tengevolge van heelkundige bewerkingen of bij ziektegevallen, volgens het voorschrift van den geneesheer, ter bevordering der genezing noodzakelijk zijn;

d. het verstrekken en bereiden van voeding en geneesmiddelen ten behoeve der zieken;

e. het verschaffen van goed drinkwater;

f. het verplegen en oppassen der zieken.

Art. 6.

Ter bevordering van de voldoende uitvoering dezer verordening en tot al zoodanige einde als nader mogten worden bepaald, stelt de Gouverneur een geneeskundig inspecteur aan.

Om tot inspecteur te kunnen worden benoemd, moet men in Nederland als arts zijn toegelaten of wel aan een der Nederlandsche Hoogescholen den graad van Doctor in de geneeskunde hebben verkregen en door de Commissie van geneeskundig onderzoek en toevoorzigt of door zoodanige autoriteit als hiertoe nader bevoegd mogt wezen, tot de uitoefening binnen deze geheele kolonie van de geneeskunst in haren geheelen omvang geregtigd zijn verklaard.

Art. 7.

Bij herhaalde veroordeeling wegens niet voldoening door den huurder aan een of meer der verpligtingen hem bij deze verordening opgelegd, heeft het Hof van Justitie op daartoe door den procureur-generaal in te stellen actie, de bevoegdheid de arbeiders van de verdere naleving hunner werkovereenkomsten met dien huurder te ontslaan.

Art. 8.

Wanneer het belang van de dienst het vordert, zijn de agent-generaal en de districts-commissarissen bevoegd om in overeenstemming met den inspecteur of den districts-geneesheer, een of meer zieke immigranten voor rekening van den huurder in het militair hospitaal te Paramaribo of in de infirmerien te Nieuw Amsterdam, Nieuw Rotterdam of Coronie ter verpleging te doen opnemen.

Art. 9.

De agent-generaal heeft daarenboven de bevoegd-

heid om immigranten, die zich te Paramaribo bevinden en wier verpleging onverwijld gevorderd
wordt, in het militair hospitaal te doen opnemen
voor rekening van den huurder.

Getuigen en beklaagden in strafzaken, deserteurs
en gestraften worden echter voor rekening der
kolonie verpleegd.

Art. 10.

De ziekenhuizen op de plantages en gronden
moeten afzonderlijke vertrekken bevatten voor
mannen en voor vrouwen, waarin minstens tien
percent van elk geslacht der immigranten kunnen
worden opgenomen.

De vertrekken moeten op zijn minst drie en een
halve meter hoog zijn en lucht en licht ontvangen
door ramen, welke met houten jalousiën, van be-
wegelijke latten voorzien, gesloten kunnen worden.
Bij de berekening der ruimte mogen op zijn meest
vier meters hoogte in aanmerking worden gebragt.

De gezamenlijke oppervlakte dezer ramen aan
den buitenmuur moet op zijn minst één kwart en
op zijn meest één derde der gezamenlijke muur-
oppervlakte zijn.

Het aantal ligplaatsen der zieken in ieder vertrek wordt bepaald door den kubieken inhoud.
Voor ieder zieke moeten minstens achttien kubiek-
meters aanwezig zijn.

Het cijfer der ligplaatsen moet op de deur van
elk vertrek vermeld staan.

Bij ieder ziekenhuis worden een keuken en voor
mannen en vrouwen afzonderlijke latrines met
badkamer gevorderd.

Een afzonderlijk vertrek of wel eene kast wordt
voor apotheek bestemd.

Rondom het ziekenhuis wordt het terrein minstens
op vijftien meters afstand van wied en struiken
gezuiverd en op lozing gehouden.

Wanneer nieuwe ziekenhuizen worden opgerigt,
moeten zij opgesteld worden op neuten die minstens
een meter hoogte hebben.

Bij de oprigting van een nieuw ziekenhuis worden de plannen en de plaats vooraf aan het oordeel
onderworpen van den inspecteur, die de veranderingen welke hij noodig oordeelt, zal aangeven na

raadpleging met den agent-generaal. Zoodra het
gebouw gereed en ingerigt is, zal de inspecteur,
bij goedkeuring, eene verklaring daaromtrent, zooals
in art. 5 is voorgeschreven, aan den huurder en
aan den agent-generaal afgeven.

Art. 11.

De ziekenhuizen of wel de ziekenvertrekken bedoeld bij de tweede en derde alinea van art. 5
worden, onverminderd de bij art. 5 der publicatie
van 23 April 1863 (G. B. N°. 10) voorgeschreven
inspectien, door den districts-commissaris, zoo dikwijls hij dit noodig acht, geinspecteerd. Die van
den inspecteur zullen minstens eenmaal per half
jaar plaats vinden.

De vergrootingen, verplaatsingen en alle andere
verbeteringen, die door den inspecteur, in overeenstemming met de voorschriften dezer verordening,
noodig worden geacht, worden door hem ter kennis
gebragt van den districts-commissaris en door dezen
bevolen, onder bepaling van een termijn, te stellen
door den inspecteur, binnen welken zij tot stand
moeten zijn gebragt.

Ingeval dat bevel niet binnen den bepaalden
termijn door den huurder wordt volbragt, geeft de
districts-commissaris den inspecteur daarvan berigt,
alsmede aan den Gouverneur, die, naar gelang hij
daartoe termen vindt, al dan niet uitstel kan
verleenen.

Wanneer na dien termijn geen geschikt gebouw
voor ziekenhuis zal aangewezen zijn, zal de Gouverneur, overeenkomstig het bepaalde bij art. 21
van het Koninklijk Besluit van 22 Maart 1872
N°. 27 (G. B. N°. 8) alle of een gedeelte der
immigranten kunnen doen wegvoeren en voor
hunnen overigen diensttijd bij een anderen huurder
kunnen doen te werk stellen.

Art. 12.

De huurder van immigranten stelt, behoudens
de nadere beslissing van den inspecteur, zoovele
mannelijke en vrouwelijke oppassers aan als de
geneeskundige noodig acht.

In buitengewone gevallen, wanneer de aard der

ziekte of andere omstandigheden naar het oordeel
van den geneeskundige, die met de behandeling
der zieken is belast, het wenschelijk maakt, is hij
bevoegd de aanstelling van een of meer tijdelijke
oppassers te bevelen, waaraan de huurder, behoudens de nadere beslissing van den inspecteur, in-
tusschen voldoet.

Art. 13.

De huurder van immigranten zorgt dat voldoende
genees- en voedingsmiddelen, benoodigdheden voor
de apotheek, alsmede de noodige registers, hospitaalfournitures en kleeding, volgens daaromtrent
bij besluit van den Gouverneur te maken bepalingen, ten behoeve der zieken steeds voorradig zijn.

Art. 14.

Onder gezagvoerder wordt in deze verordening
verstaan, hij die, onder welken titel ook, zelfs
tijdelijk, aan het hoofd staat van eene plantage
of grond.

Art. 15.

De gezagvoerder zorgt dat in het ziekenhuis of
wel in de ziekenvertrekken een ziekenregister, ingerigt naar het achter deze verordening gevoegd
model, aanwezig is.

Dat register ligt daar ten allen tijde gereed ter
inzage van den agent-generaal, den inspecteur, den
districts-commissaris en den districts-geneesheer.

Telken drie maanden zendt de gezagvoerder een
extract uit dat register ingerigt volgens het daarvan door den Gouverneur te geven voorschrift,
aan den districts-commissaris, die het, na er het
noodige gebruik van te hebben gemaakt, zoo spoedig
doenlijk aan den inspecteur doet toekomen.

Art. 16.

Bij besluit van den Gouverneur worden voorschriften betreffende de goede orde en de zindelijkheid in de ziekenhuizen en ziekenvertrekken
vastgesteld.

Uittreksels daarvan worden, voor zooverre zij
de regten en pligten van de immigranten betreffen,

voor zooveel mogelijk in de verschillende talen
der immigranten, die zich in de kolonie bevinden,
vertaald en twee exemplaren der vertaling gezonden aan iederen gezagvoerder eener plantage, waar
zich een ziekenhuis voor immigranten bevindt, in
hetwelk ten allen tijde één exemplaar in het vertrek der mannen en het andere in dat der vrouwen
op eene geschikte plaats zal hangen.

De ziekenhuizen en ziekenvertrekken staan onder
het beheer van den gezagvoerder en het dienstpersoneel aldaar staat onder zijne bevelen.

Hij zorgt voor de goede orde en zindelijkheid
aldaar, voor het in gebruik geven van voldoende
genees- en voedingsmiddelen, benoodigdheden voor
de apotheek, alsmede van hospitaalfournitures en
kleeding; dat de voorschriften van den geneeskundige wat de behandeling, de voeding en de verpleging der zieken betreft, behoorlijk worden op-
gevolgd; dat de oppassers als zoodanig worden
ontslagen, wanneer de geneeskundige dit op grond
van hunne ongeschiktheid of hun wangedrag vordert, en zoodra doenlijk door anderen worden vervangen; een en ander behoudens de aansprakelijk-
heid van den huurder voor het nakomen der verpligtingen hem opgelegd bij artt. 12 en 13.

Bij verschil van gevoelen tusschen den geneeskundige en den gezagvoerder beslist de inspecteur.

Art. 17.

Op plantages en gronden waar zich geen immigranten bevinden, doch waar meer dan tien arbeiders
gevestigd zijn, is de huurder verpligt om te zorgen
voor een vertrek waar de districts-geneesheer de
zieken bij zich kan ontvangen, en voor voldoende
geneesmiddelen en benoodigdheden voor de apotheek,
ingevolge art. 13.

In dat vertrek, dat tevens tot apotheek kan
dienen, moet het ziekenregister bedoeld bij art. 15
aanwezig zijn.

Op elken huurder van arbeiders, die geene immigranten zijn, rust de verpligting de geneesmiddelen
en benoodigdheden voor de apotheek ter behandeling der zieken, kosteloos ter beschikking van
den districts-geneesheer ten behoeve der zieken te
stellen.

Art. 18.

Niemand mag als districts-geneesheer worden aangewezen dan degeen, die door de Commissie van geneeskundig onderzoek en toevoorzigt, of door zoodanige autoriteit als hiertoe nader bevoegd mogt wezen, tot de uitoefening binnen deze geheele kolonie van de geneeskunst in haren geheelen omvang geregtigd is verklaard.

Bij de aanvaarding zijner betrekking legt hij in handen van den Gouverneur den volgenden eed (belofte) af:

„Ik zweer (beloof) dat ik tot het verkrijgen der „betrekking van districts-geneesheer aan niemand „hetzij middellijk of onmiddellijk iets heb gegeven „of beloofd of zal geven.

„Ik zweer (beloof) dat ik mij van het nakomen „der verpligtingen aan de betrekking van districts- „geneesheer verbonden, door geene gaven, beloften „of bedreigingen zal laten terughouden, maar die „verpligtingen naar behooren en getrouw ver- „vullen zal".

„Zoo waarlijk helpe mij God Almagtig (dat be- „loof ik!)"

Een geneeskundige, die zich in eenig district vestigt, behoeft voor de uitoefening van geneeskundige praktijk aldaar de toestemming van den Gouverneur.

Art. 19.

De districts-geneesheer is gehouden elke plantage of grond, alwaar immigranten gevestigd zijn, minstens twee malen 's weeks, zooveel doenlijk op vaste dagen, doch met eene tusschenruimte van twee of drie dagen telkens, te bezoeken, en voorts zoo vele malen meer als de toestand van een of meer zieken dit vordert en hem mogelijk is.

Hij zal van tijd tot tijd, ingevolge opdragt van den inspecteur, de woningen der immigranten bezoeken en diegenen hunner, die ziek zijn en verpleegd moeten worden in het ziekenhuis doen opnemen. Bij bevinding van verzuimen van den gezagvoerder bij gelegenheid van deze bezoeken, of wanneer de gezagvoerder de door hem daartoe aangewezen zieken niet in het ziekenhuis doet opnemen, houdt hij daarvan aanteekening in het register.

Met betrekking tot de andere zieken in het district is hij verpligt, om, wanneer zijne hulp wordt ingeroepen, zich zoo spoedig doenlijk naar de plantage of grond, waarop de zieken zich bevinden, te begeven en hun geneeskundige hulp te verleenen.

Als sein dat men zijne hulp noodig heeft, kan bij dag een witte vlag aan de landingsplaats worden geheschen en bij nacht aldaar een licht worden gesteld.

De districts geneesheer is bovendien verpligt in spoed vereischende gevallen, wanneer zijne hulp wordt ingeroepen, en, indien dit op buitengewone tijdstippen geschiedt, wanneer hij in de gelegenheid wordt gesteld zonder zijn eigen vaartuig, zijne roeijers of eigen paard en rijtuig te komen, die hulp zoodra doenlijk en zoo dikwerf mogelijk te verleenen.

Hij is ook gehouden om in zijn district minstens eenmaal in de veertien dagen elke plantage of grond, waar geene immigranten zijn, te bezoeken; den gezondheidstoestand op te nemen; de arbeiders, zoo noodig, wat hunne gezondheid betreft, voor te lichten en bij het einde van elk kwartaal een kort rapport van zijne bevinding in te zenden aan den districts-commissaris, die daarvan mededeeling doet aan den inspecteur.

Art. 20.

Indien de geneesheer door ziekte verhinderd wordt aan zijne verpligtingen te voldoen, doet hij daarvan ten spoedigste mededeeling aan den inspecteur, den districts-commissaris en de gezagvoerders der plantages en gronden, waar hij de geneeskundige praktijk uitoefent; van zijn herstel doet hij gelijke kennisgeving.

In afwachting van de daaromtrent door den inspecteur te geven voorschriften, wordt door den districts-commissaris ten spoedigste in de dienst voorzien, door die kosteloos op te dragen aan de het digst bij gevestigde districts-geneesheeren.

Op gelijke wijze wordt in de dienst voorzien,

wanneer de geneesheer zich ambtshalve uit zijn district moet verwijderen.

Van elke afwezigheid uit zijn district geeft de districts-geneesheer kennis aan den inspecteur, hetzij regtstreeks, hetzij door tusschenkomst van den districts-commissaris, voorts aan dezen en aan de gezagvoerders van de plantages en gronden, waar hij de geneeskundige praktijk uitoefent.

Bij terugkeer na afwezigheid in zijn district geeft de districts-geneesheer gelijke kennis als in alinea 4 is bepaald.

Art. 21.

In het bij art. 15 bedoelde ziekenregister wordt al wat het administratieve gedeelte betreft, door of van wege den gezagvoerder ingevuld. De andere onderwerpen worden bij elk ziekenbezoek door den districts-geneesheer ingevuld; deze teekent ook, bij elk bezoek, met vermelding van de dagteekening, het register af.

In de kolom van aanmerkingen worden door den districts-geneesheer aangeteekend:

de overtredingen van de artt. 12, 13, 15, 16, 25, 26 en 27, voor zooveel zij hem bij het ziekenbezoek zijn gebleken;

de geneesmiddelen, voedingsmiddelen, benoodigdheden voor de apotheek, hospitaal-fournitures en kleedingstukken, die aan den vereischten voorraad ontbreken, of van slechte hoedanigheid zijn en alzoo moeten worden afgeschreven;

zijne klagten omtrent het dienstpersoneel;

hetgeen hij met betrekking tot reinheid en zindelijkheid heeft aan te merken;

zijne klagten omtrent het drinkwater, dat op de plantage of grond gebruikt wordt;

en voorts alles wat hij tot behoud der gezondheid en tot bevordering van een goeden gang van zaken noodig acht.

Van elke gedane aanteekening geeft hij onmiddellijk kennis aan den districts-commissaris.

Vindt hij het ziekenregister meer dan eenmaal niet in het ziekenhuis of in de ziekenvertrekken of in het vertrek bedoeld bij art. 17, dan maakt hij daarvan proces-verbaal op, hetwelk hij aan den districts-commissaris inzendt.

De districts-commissaris zendt afschriften van die kennisgeving en van dat proces-verbaal aan den inspecteur.

Art. 22.

De districts-geneesheer maakt de zieken bekend met de hun voorgeschreven diëeten en met de wijze waarop zij hunne medicijnen moeten aanwenden.

Hij kiest onder de oppassers de geschiksten uit om hem behulpzaam te zijn in het gereed maken der geneesmiddelen en het aanleggen van verbanden.

Onder de verantwoordelijkheid van den gezagvoerder worden de voedingsmiddelen bereid en toegediend, alsmede wanneer het niet door den districts-geneesheer zelven geschiedt, de zieken verbonden en de geneesmiddelen gereed gemaakt en toegediend, alles ingevolge de voorschriften van den geneesheer.

Er wordt door eene door den Gouverneur te benoemen commissie van geneesheeren, onder voorzitterschap van den inspecteur, eene lijst van geneeskundige voorschriften en van de verschillende diëeten opgemaakt, welke bij besluit van den Gouverneur wordt afgekondigd.

Die lijst kan worden herzien; de bij herziening daarin gebragte wijzigingen worden eveneens bij besluit van den Gouverneur afgekondigd.

Elk voorschrift en elk diëet worden van een bepaald nommer voorzien. Bij het voorschrijven in het register, maakt de geneesheer van deze nommers gebruik. Bij afwijking van het geneeskundig voorschrift of van het diëet, wordt het volledig in het register opgeschreven.

In elk ziekenvertrek hangt eene lijst der diëeten en vertalingen daarvan in het neger-engelsch en voor zooveel mogelijk in de verschillende talen der immigranten.

Art. 23.

Vrouwen, die op plantages en gronden verloskundigen bijstand verleenen, zijn verpligt in al hetgeen daartoe betrekking heeft de bevelen van den districts-geneesheer op te volgen.

Zij, die als vroedvrouw zijn geadmitteerd, zijn verpligt alvorens tot de uitoefening der verloskunde over te gaan, daarvan schriftelijk kennis te geven

aan den districts-commissaris en den districts-geneesheer, met mededeeling van de plaats, waar zij zich
vestigen zullen.

Zij, die niet als vroedvrouw zijn geadmitteerd,
moeten voorzien zijn van eene vergunning van den
inspecteur, die bevoegd is deze vergunning ten
allen tijde in te trekken. Van de vergunning geven
zij zoodra doenlijk schriftelijk kennis aan den
districts-commissaris en den districts-geneesheer.

Zoowel de geadmitteerden als de niet geadmitteerden geven van elke verandering van woonplaats
schriftelijk kennis aan den districts-commissaris en
den districts-geneesheer. Zij doen gelijke kennisgeving, wanneer zij ophouden als zoodanig werkzaam te zijn.

De districts-commissaris zendt van een en ander
berigt aan den inspecteur.

De Gouverneur is bevoegd om toelagen te verleenen van hoogstens ƒ 400.— 's jaars aan geadmit-
teerde vroedvrouwen in de districten.

Art. 24.

De districts-geneesheer geeft den districts-commissaris of den naastbij wonende burgerofficier,
zoodra doenlijk kennis van alle ernstige verwondin-
gen, vergiftigingen en plotselinge sterfgevallen in
het geneeskundig district.

Gelijke kennisgeving wordt door hem gedaan,
alsmede kennisgeving aan den inspecteur, wanneer
zich aldaar eene ziekte vertoont, tegen welker uit-
breiding bijzondere maatregelen worden gevorderd,
en zulks met mededeeling van die inlichtingen,
welke daarbij tot leiddraad kunnen dienen.

De burgerofficier, aan wien de kennisgeving geschiedt, doet daarvan ten spoedigste mededeeling
aan den districts-commissaris.

De districts-geneesheer is in het algemeen gehouden aan den inspecteur en aan den districts-
commissaris alle opgaven betreffende den gezondheidstoestand in het district, die door hen verlangd
worden, zoodra doenlijk te verstrekken.

Art. 25.

De gezagvoerder draagt zorg dat bij elk ziekenbezoek van den inspecteur of den districts-genees-

heer, deze in de gelegenheid worden gesteld alle
immigranten of leden van hun gezin te zien die
ziek zijn, aan wonden lijden of in eenig ander
opzigt geneeskundige hulp behoeven, voor zooveel
een en ander te zijner kennis is gekomen.

De immigranten worden in het ziekenhuis of in
de ziekenvertrekken behandeld en verpleegd.

Ingeval daar geen ruimte is, zullen zij in een
ander geschikt lokaal op de gewone wijze behandeld
en verpleegd worden.

De behandeling en verpleging van andere arbeiders en hunne gezinnen geschieden in hunne woningen, tenzij bij overeenkomst bedongen is, dat
die in het ziekenhuis of in de ziekenvertrekken
zullen plaats vinden, en zij hun verlangen daartoe
kenbaar maken. Waar zoodanige overeenkomst bestaat, moeten ziekenhuizen of ziekenvertrekken
aanwezig zijn, op welke de voorschriften dezer
verordening van toepassing zijn. Van het bestaan
van zoodanige overeenkomst wordt binnen acht
dagen nadat zij gesloten is, door den huurder
kennis gegeven aan den districts-commissaris. Wanneer de behandeling en verpleging der arbeiders
die geen immigranten zijn, op hun verlangen in
hunne woningen plaats vinden, hebben die arbeiders, tenzij het tegendeel bij overeenkomst bedongen is, geen aanspraak op voedingsmiddelen,
fournitures, kleeding en oppassing voor rekening
van den huurder.

De geneesheer is bevoegd om, wanneer de algemeene gezondheidstoestand op de plantage of
grond dit wenschelijk maakt, de afzondering van
een of meer lijders te bevelen.

Art. 26.

De gezagvoerder is verpligt de immigranten die
zich als ziek aanmelden, in afwachting van de
komst van den districts-geneesheer, in het ziekenhuis of in de ziekenvertrekken te doen opnemen.

Art. 27.

De gezagvoerder waakt er voor dat de immigranten, wier opneming in het ziekenhuis of in de
ziekenvertrekken door den districts-geneesheer is

bevolen of goedgekeurd, aldaar verblijven totdat zij door den districts-geneesheer worden ontslagen.

De gezagvoerder is echter bevoegd, wanneer hem het ontslag tusschentijds noodig voorkomt, op zijne verantwoordelijkheid lijders uit het ziekenhuis te ontslaan.

Art. 28.

De immigranten zijn verpligt zich onmiddellijk na aanzegging van den districts-geneesheer of wel, volgens art. 26, van den gezagvoerder, naar het ziekenhuis of naar de ziekenvertrekken te begeven en daarin te blijven, totdat zij door den districts-geneesheer of door den gezagvoerder, naar aanleiding van de 2e alinea van art. 27, daaruit worden ontslagen. Bij zoodanig ontslag zullen zij het ziekenhuis of de ziekenvertrekken verlaten.

Alle lijders zijn gehouden de geneesmiddelen op de wijze hun door den geneesheer voorgeschreven aan te wenden of in te nemen, en voorts in het algemeen om de voorschriften van den geneesheer na te komen, op aanzegging van den gezagvoerder voor den inspecteur of den districts-geneesheer te verschijnen, en zich te onderwerpen aan de gezondheids- en zindelijkheidsmaatregelen door den inspecteur, den geneesheer of den gezagvoerder bevolen.

Art. 29.

De inspecteur is ambtenaar en heeft zijne woonplaats te Paramaribo.

Het is hem verboden de genees- of artsenijbereidkunde, onder welke benaming ook, behalve kosteloos ten behoeve van immigranten en andere arbeiders in de districten, te Paramaribo op uitnoodiging van den agent-generaal, of in het depôt uit te oefenen, of zonder des Gouverneurs toestemming eene andere bediening te bekleeden.

Art. 30.

Bij de aanvaarding zijner betrekking legt hij in handen van den Gouverneur den volgenden eed (belofte) af:

„Ik zweer (beloof) dat ik tot het verkrijgen „der betrekking van inspecteur aan niemand, hetzij

„middellijk of onmiddelijk iets heb gegeven of be-
„loofd of zal geven.

„Ik zweer (beloof) dat ik mij van het nakomen
„der verpligtingen aan de betrekking van inspec-
„teur verbonden door geene gaven, beloften of
„bedreigingen zal laten terughouden, maar die verpligtingen naar behooren en getrouw vervullen zal.

„Zoo waarlijk helpe mij God Almagtig (dat beloof ik!)."

Art. 31.

De inspecteur houdt, in overeenstemming met
de bepalingen dezer verordening, het toezigt over
de geneeskundige dienst, behandeling en verpleging
op de plantages en gronden, verleent in zake tot
zijnen werkkring behoorende zijne voorlichting
aan den agent-generaal, de districts-commissarissen
en de districts-geneesheeren, en doet aan den Gouverneur mededeelingen en voorstellen in het belang
van de gezondheid.

De plantages en gronden zullen door den inspecteur minstens eenmaal elk half jaar worden
bezocht.

Art. 32.

Bij het bezoeken der ziekenhuizen en ziekenvertrekken op de plantages en gronden neemt hij inzage van de ziekenregisters, en doet onderzoek of
de voorschriften dezer verordening, zoowel wat de
ziekenhuizen en ziekenvertrekken, de genees- en
voedingsmiddelen, fournitures en kleeding als al
wat de geneeskundige behandeling en verpleging
in het algemeen betreft, behoorlijk worden nageleefd.

Art. 33.

De inspecteur teekent de door hem bevondene
overtredingen en in het algemeen zijne bevindingen
in het ziekenregister aan. Hij onderteekent zijne
daartoe betrekkelijke aanteekeningen.

Van de door hem bevonden overtredingen maakt
hij proces-verbaal op en zendt dat aan den bevoegden ambtenaar.

Art. 34.

De inspecteur doet bij zijne bezoeken op de plantages en gronden onderzoek naar het drinkwater, naar den toestand van de woningen der arbeiders en van de waterlozingen rondom die woningen en naar het schoonhouden van de plaats rondom die woningen.

Art. 35.

Van zijne bevindingen bij het halfjaarlijksch bezoek en voor zooveel hij het dienstig acht, ook bij elk ander bezoek, zendt hij een verslag in aan den Gouverneur, die bij extract daarvan mededeeling doet aan den betrokken district-commissaris, en, voor zooveel het plantages en gronden betreft waarop immigranten gevestigd zijn, tevens aan den agent-generaal.

Hij teekent in dat halfjaarlijksch verslag op: den toestand en het bestuur der ziekenhuizen, den staat der arbeiderswoningen, en voorts al het meldenswaardige, dat gedurende het voorafgaand half jaar met betrekking tot de geneeskundige dienst op de plantages en gronden heeft plaats gehad.

Art. 36.

Bijaldien in de bij art. 10, laatste alinea, en art. 11 tweede alinea, vermelde gevallen, de huurder zich met de zienswijze der aangewezen autoriteit niet vereenigt, kan de eerstgenoemde zich tot den Gouverneur wenden, die alsdan beslist.

Art. 37.

De agent-generaal is bevoegd de plantages en gronden, alwaar zich immigranten bevinden, te bezoeken om zich te verzekeren van de naleving te hunnen opzigte van de voorschriften dezer verordening. Van zijne bevindingen maakt hij rapport aan den Gouverneur. Van de door hem bevonden overtredingen maakt hij proces-verbaal op en zendt dat aan den bevoegden ambtenaar.

Onverminderd de verpligting van den districtsgeneesheer om den agent-generaal of den districts-commissaris, waar deze dit verlangen voor te lichten, is de Gouverneur bevoegd, zoo dikwijls hij dit

noodig acht, zoowel aan den agent-generaal als aan
den districts-commissaris, bij hunne inspectien een
geneeskundige te hunner voorlichting toe te voegen.

Art. 38.

Onverminderd de toepassing der bepalingen van
het Wetboek van Strafregt, voor zooveel daartoe
termen bestaan, worden gestraft:

1°. zij, die door de commissie van geneeskundig
onderzoek en toevoorzigt of door zoodanige autoriteit als hiertoe nader bevoegd mogt wezen, tot
de uitoefening binnen deze geheele kolonie van de
geneeskunst in haren geheelen omvang geregtigd
verklaard zijnde, zonder toestemming van den
Gouverneur te hebben verkregen, op de plantages
en gronden genees-, heel- of verloskundige praktijk
uitoefenen, met eene geldboete van ƒ 50.— tot
ƒ 300.—.

2°. zij, die zonder daartoe overeenkomstig art.
18 bevoegd te zijn genees- of heelkundige praktijk
uitoefenen, en zij, die zonder daartoe bevoegd te
zijn of wel overeenkomstig art. 23 al. 3 daartoe
vergunning te hebben verkregen, de verloskunde
uitoefenen, met gevangenisstraf van drie maanden
tot een jaar en geldboete van ƒ 50.— tot ƒ 300.—
te zamen of afzonderlijk.

Art. 39.

De overtredingen der voorschriften van deze verordening worden vervolgd en gestraft, zooals in de
Strafverordening van 1874 of in de verordening
die haar vervangt wordt voorgeschreven.

Art. 40.

De door den agent-generaal of den districts-
commissaris geauthentiseerde uittreksels uit het
bij art. 15 bedoeld register en hunne processen-
verbaal worden, zoowel als die van den inspecteur
en van den districts-geneesheer, behoudens tegen-
bewijs als wettige bewijsmiddelen erkend, indien
zij opgemaakt zijn op den eed bij de aanvaarding
hunner bediening gedaan, of wel daarna met eede
bevestigd worden.

De regter is bevoegd de overlegging van het

register te vorderen, zoo dikwijls hij dit noodig oordeelt.

Art. 41.

Voor elk verzuim van een der hem bij deze verordening bij artt. 4 j°., 5, 10, 11, 12, 13, 17 eerste alinea en art. 25 opgelegde verpligtingen, wordt de huurder gestraft met eene boete van *f* 25.— tot *f* 500.—.

Art. 42.

Bij elke overtreding van het bij artt. 15, 16, 17 2e lid, 19 2e lid, 21, 22 3e lid en laatste lid, 25 1e alinea, 26 of 27 bepaalde, wordt de gezagvoerder gestraft met eene boete van *f* 5.— tot *f* 100.—. In de bij de drie laatstgemelde artikelen bedoelde gevallen wordt de boete opgelegd voor iederen arbeider omtrent welken de overtreding heeft plaats gevonden. In geen geval zal deze boete hooger dan *f* 500.— kunnen zijn.

Art. 43.

De districts-geneesheer die te kort komt in ééne der verpligtingen hem bij artt. 19, 20, 21, 22 1e en 6e lid en 24 opgelegd, wordt gestraft met eene boete van *f* 10.— tot *f* 300.—.

Met gelijke straf wordt tekortkoming in de verpligting bij de eerste, tweede, derde en vierde alinea van art. 23 gestraft.

Art. 44.

Bij overtreding van art. 28, of wanneer de lijder, volgens dat artikel of volgens de 4e alinea van art. 25 in het ziekenhuis verpleegd wordende, buiten de grenzen van het ziekenhuis wordt aangetroffen, of zich tegen een wettig bevel voor zijn vervoer naar het ziekenhuis verzet, of zich in het ziekenhuis op eeniger wijze wanordelijk of weerspannig gedraagt, wordt de lijder gestraft met eene geldboete van *f* 3.— tot *f* 25.—, en met gevangenisstraf met of zonder gedwongen tewerkstelling voor den tijd van een dag tot zes weken, te zamen of afzonderlijk.

OVERGANGSBEPALINGEN.

Art. 45.

De in art. 10, alinea 2, voorkomende bepaling, dat de vertrekken minstens drie en een halve meter hoog moeten zijn, is op de reeds bestaande ziekenhuizen of ziekenvertrekken niet van toepassing.

Art. 46.

Deze verordening treedt in werking twee maanden na hare afkondiging.

Op dat tijdstip vervallen de verordeningen van den 22sten October 1872 (G. B. 1873 N°. 4) en van den 30sten Junij 1875 (G. B. N°. 13) en de daaruit voortgevloeide besluiten, met dien verstande nogtans dat van kracht blijven tot dat zij door anderen worden vervangen:

de bij art. 12 der verordening van 22 October 1872 (G. B. 1873 N°. 4) voorgeschreven extracten uit de ziekenregisters:

de lijsten B en C vastgesteld bij besluit van 1873 (G. B. N°. 12);

de laatste, met de aanvulling bij besluit van 1874 (G. B. N°. 38);

de lijst van geneesmiddelen en benoodigdheden voor de apotheek vastgesteld bij besluit van 18 Mei 1875 (G. B. N°. 10);

de lijst van geneeskundige voorschriften en diëeten vastgesteld bij besluit van 18 Mei 1875 (G. B. N°. 11);

zullende in afwachting van het bij art. 3 bedoeld tarief te dien opzigte door den Gouverneur de noodige voorzieningen, welke hoogstens één jaar na de inwerkingtreding van deze verordening van kracht zullen blijven, worden genomen.

Gegeven te Paramaribo, den 21sten Januarij 1879.

C. A. VAN SIJPESTEYN.

De Gouvernements-Secretaris,

J. RAMAER.

Uitgegeven den 30sten April 1879.

De Gouvernements-Secretaris,

J. RAMAER.

BIJLAGE A.

1873.   N°. 40.

GOUVERNEMENTSBLAD DER KOLONIE SURINAME

BESLUIT

van den 9en September 1873,

waarbij wordt vastgesteld het bij de 3e alinea van art. 12 der verordening van 22 October 1872, G. B. 1873 N°. 4, bedoeld extract uit het ziekenregister. [1])

IN NAAM DES KONINGS!

DE GOUVERNEUR VAN *SURINAME*,

Overwegende dat ter uitvoering van de verorde-ning van 22 October 1872, *waarbij nader worden geregeld de geneeskundige behandeling en verpleging op de plantages en gronden (G. B. 1873 N°. 4),* het noodig is, het navolgende vast te stellen;

Heeft, den Raad van Bestuur gehoord, besloten:

EENIG ARTIKEL.

Het bij de 3e alinea van art. 12 der verordening van 22 October 1872, G. B. 1873 N°. 4, bedoeld

----

1) Art. 46 der verordening van 12 Januari 1879, G. B. N°. 8, handhaaft voorloopig dit Besluit, totdat het door een ander zal zijn vervangen.

extract uit het ziekenregister, wordt ingerigt, overeenkomstig het bij dit besluit gevoegd model.

Gegeven te Paramaribo, den 9en September 1873.

C. A. SIJPESTEYN.

De waarn. Gouvernements-Secretaris,

P. ALMA.

Uitgegeven den 15en September 1873,

De waarn. Gouvernements-Secretaris,

P. ALMA.

BIJLAGE B.

1879.   N°. 25.

GOUVERNEMENTSBLAD DER KOLONIE SURINAME

BESLUIT

van den 25sten Junij 1879,

ter uitvoering van art. 1 der Koloniale verordening van den 21sten Januarij 1879 (G. B. N°. 8) waarbij nader worden geregeld de geneeskundige behandeling en verpleging op de plantages en gronden.

IN NAAM DES KONINGS!

DE GOUVERNEUR VAN *SURINAME*,

Overwegende, dat ter uitvoering van art. 1 der Koloniale verordening van 21 Januarij 1879 (G. B. N°. 8), *waarbij nader worden geregeld de geneeskundige behandeling en verpleging op de plantages en gronden*, het noodig is, het navolgende vast te stellen;

Heeft, den Raad van Bestuur gehoord, besloten

Art. 1.

De kolonie wordt voor zooveel betreft de geneeskundige behandeling en verpleging op de plantages en gronden, verdeeld in d e r t i e n geneeskundige districten, als:

Eerste geneeskundig district, loopende van en met de plantage *de Resolutie* in *Beneden-Suriname* tot en met de plantage *Elisabetshoop* in *Beneden-Cottica.*

Tweede geneeskundig district, loopende van en met de plantage *Johan en Margaretha* tot en met den verlaten grond *Saphir* in *Beneden-Cottica.*

Derde geneeskundig district, loopende van en met de plantage *Zoelen* in *Beneden-Commewijne* tot en met de plantage *Spieringshoek.*

Vierde geneeskundig district, bevattende de plantages en gronden in de *Matappicakreek* tot en met *Reijnsdorp*, de gronden en plantages langs de beide oevers van de *Cottica*, de gronden tusschen de *Orleanskreek* en de *Boven-Commewijne*, de plantages en gronden aan de *Commetewane* en die aan de *Boven-Commewijne* tot en met de plantage *Goudmijn*.

Vijfde geneeskundig district, bevattende de plantages en gronden aan de beide oevers van de *Cottica* van en met de plantage *l'Aventure* tot en met de plantage *La Paix*, met inbegrip van de plantages en gronden in de *Pericakreek*.

Zesde geneeskundig district, loopende van het fort *Nieuw-Amsterdam* tot en met de plantage *Jagt-lust* in *Beneden-Suriname*, en voorts van en met de plantage *Leonsberg* in *Beneden-Para* tot en met den grond *Combé*.

Zevende geneeskundig district, bevattende de plantages en gronden aan den regteroever van de *Suriname* van en met de plantage *Meerzorg* tot en met de plantage *Groot Chatillon* en die aan den linkeroever van den mond der *Parakreek* af tot en met de plantage de *Guineesche Vriend-schap*.

Achtste geneeskundig district, bevattende de plantages en gronden aan de beide oevers van de *Saramacca*, van en met de plantage *Kent* tot en met de plantage *Huwelijkszorg*.

Negende geneeskundig district, bevattende de plantages en gronden aan de beide oevers van de *Saramacca*, van en met de plantage *Dankbaarheid* tot en met de plantage *Hamburg*.

Tiende geneeskundig district, bevattende het district *Coronie*.

Elfde geneeskundig district, bevattende *Nieuw-Rotterdam* en de plantages *Waldeck* en *Marga-rethenburg*.

Twaalfde geneeskundig district, bevattende de plantages en gronden aan de beide oevers van de *Nickerie*, van de plantage *Waterloo* af tot en met de plantage *'t Lot N°. 36*.

Dertiende geneeskundig district, bevattende de gronden aan het pad van *Wanica,* de etablissementen *Beekhuizen* en *Livorno* en de plantages *Kwatta, Ma Retraite* en *Tourtonne* in *Beneden-Para.*

Art. 2.

Dit besluit treedt in werking gelijktijdig met de verordening *waarbij nader worden geregeld de geneeskundige behandeling en verpleging op de plantages en gronden.*

Gegeven te Paramaribo, den 25sten Junij 1879.

C. A. VAN SIJPESTEYN.

De Gouvernements-Secretaris,

J. RAMAER.

Uitgegeven den 25sten Junij 1879.

De Gouvernements-Secretaris,

J. RAMAER.

BIJLAGE C.

1880.   N°. 10.

GOUVERNEMENTSBLAD DER KOLONIE SURINAME.

BESLUIT

van den 20sten Februarij 1880,

*ter uitvoering van art. 16 alinea 1 der verordening
van 21 Januarij 1879 (G. B. e. a. N°. 8).*

IN NAAM DES KONINGS!

DE GOUVERNEUR VAN SURINAME,

Overwegende, dat ter uitvoering van art. 16
alinea 1 der verordening van 21 Januarij 1879,
G. B. e. a. N°. 8), het noodig is, het navolgende
vast te stellen,
Heeft, den Raad van Bestuur gehoord, besloten:

Art. 1.

Het ziekenhuis of de ziekenvertrekken zullen
dagelijks bezocht moeten worden door den gezagvoerder der plantage of den opzigter, die hem bij
afwezigheid vervangt. Aan- of opmerkingen hunner-
zijds moeten bij het eerste bezoek van den geneesheer te diens kennisse worden gebragt die, zoo
noodig, deswege aanteekening doet in het ziekenregister.

Art. 2.

De oppassers zijn, onder het toezigt van den
gezagvoerder en van den geneesheer met de handhaving der orde in de ziekenkamers belast. Een
liefderijke behandeling van de patienten wordt hun
ten zeerste aanbevolen. Een der oppassers zal in
het ziekenhuis of in de ziekenvertrekken vernachten,
zoodra daarin een zieke is of zieken zijn.

Art. 3.

Onder toezigt en leiding van den gezagvoerder
zorgen de oppassers voor het behoorlijk in acht

nemen van de voorschriften van den geneesheer;
dat de patienten op geene andere dan die door
den geneesheer of bij diens afwezigheid door den
gezagvoerder aangewezene zaal vertoeven; voor goed
drinkwater; voor het uitdeelen op de gezette tijden
en in de voorgeschrevene hoeveelheden der spijzen;
voor zindelijkheid van apotheek, latrines, badkamers,
bedden, beddegoed en ziekenkamers, alsmede voor
de klok. 's Morgens 6 en 's avonds 6 uur moeten
alle nachtstoelen opgeruimd zijn.

De vloeren moeten minstens eens per week met
zand geschuurd en overigens twee malen daags
geveegd worden.

De ziekenlocalen welke niet geverfd zijn moeten
drie malen 's jaars wit gekalkt worden.

Art. 4.

Bij het bezoek van den geneesheer volgen de
oppassers hem van bed tot bed om zijne instructien
te ontvangen.

Zij zorgen vooraf dat op het uur van dat bezoek elk patient behoorlijk, hetzij in bed of bij
zijn bed zich bevindt.

Art. 5.

Zoodra een patient wordt opgenomen, wordt hij
dadelijk van hospitaalkleêren voorzien, na hem alvorens, als zijn toestand dit toelaat, een bad gegeven te hebben.

De kleeren als anderzins van den patient zullen
onder toezigt van den gezagvoerder of den hem
vervangenden opzigter verblijven om bij het verlaten van het ziekenhuis hem weder te worden
gegeven.

Art. 6.

Als de toestand van den patient dit toelaat,
zullen betrekkingen zoowel als anderen, toegang
tot hem kunnen hebben tusschen 4 en 6 uur
's namiddags.

Art. 7.

Op geene voorwaarden hoegenaamd mag de patient
het ziekenhuis verlaten dan met toestemming van

den gezagvoerder ingeval van de 2e alinea van art. 27 van de geneeskundige verordening van 1879 (G. B. N°. 8) of van den geneesheer.

Art. 8.

Het heimelijk binnen brengen van dranken en voedsel is streng verboden.

Art. 9.

Het rooken wordt alleen met vergunning van den geneesheer toegelaten en dan ook alleen op de door dezen te bepalen tijden en plaatsen.

Lucifers mogen de patienten nimmer bij zich hebben.

Art. 10.

Waar zieken zijn zal van 6 uur 's avonds tot 5 uur 's ochtends een lamp of nachtpit in het ziekenhuis of in de ziekenvertrekken moeten branden.

Art. 11.

Een geschikte klok zal in het ziekenhuis of in de ziekenvertrekken ten allen tijde moeten voorhanden zijn.

Evenzoo moeten steeds in de apotheek aanwezig zijn een lantaarn met een kaars er in en lucifers.

Art. 12.

In elk ziekenhuis of ziekenvertrek moet hangen op een in het oog vallend gedeelte der zalen eene lijst der diëeten met vertalingen daarvan in het negerengelsch en voor zooveel mogelijk in de verschillende talen der immigranten, zooals is voorgeschreven in art. 22 laatste alinea der geneeskundige verordening van 1879 (G. B. N°. 8).

Gegeven te Paramaribo, den 20sten Februarij 1880.

C. A. VAN SIJPESTEYN.

De Gouvernements-Secretaris,

J. RAMAER.

Uitgegeven den 20sten Februarij 1880.

De Gouvernements-Secretaris,

J. RAMAER.

BIJLAGE D.

1887.   N°. 28.

GOUVERNEMENTSBLAD DER KOLONIE SURINAME.

BESLUIT

van 8 October 1887,

*tot nadere vaststelling van lijsten van geneesmiddelen
en benoodigdheden voor de apotheek en van hospitaalfournitures en kleeding, op plantages en gronden met
immigranten.*

IN NAAM DES KONINGS!

DE GOUVERNEUR VAN *SURINAME,*

Overwegende dat ter uitvoering van art. 13 der
verordening van 21 Januari 1879 (G. B. N°. 8),
betrekkelijk de geneeskundige behandeling en verpleging op de plantages en gronden, het noodig is
het navolgende vast te stellen;

Heeft, den Raad van Bestuur gehoord, besloten:

Artikel 1.

Met ingang van 1 Januari 1888 worden, in verband met de afschaffing van het medicinaal gewicht
en invoering van het metriek gewicht voor geneesmiddelen, ingevolge Besluit van 14 September 1887
(G. B. N°. 24), de lijsten A en B, behoorende bij
het Besluit van 16 Juni 1884 (G. B. N°. 9), vervangen door de hierachter opgenomen lijsten:

A. van geneesmiddelen en van benoodigdheden voor
de apotheek, waarvan de daarbij vermelde hoeveelheid ten behoeve der zieken op immigranten plantages en gronden steeds aanwezig
moet zijn;

B. aanwijzende de *hospitaalfournitures* en *kleeding,*
die ten behoeve der zieken in den daarbij aangeduiden voorraad aanwezig moeten zijn.

Art. 2.

Op huurders van immigranten zijn van toepassing
de bepalingen van artt. 2 en 3 van het Besluit

8

van 14 September 1887 (G. B. N°. 24) tot afschaffing van het medicinaal gewicht en invoering
van het metriek gewicht voor geneesmiddelen, edoch
met deze uitzondering, dat zij niet behoeven voorhanden te hebben de gewichten van 5, 2 en 1
milligram.

Art. 3.

De lijsten C en D, behoorende bij het Besluit
van 16 Juni 1884 (G. B. N°. 9) worden vervangen door andere lijsten die bij afzonderlijke resolutie
worden afgekondigd.

Art. 4.

Het Besluit van 16 Juni 1884 (G. B. N°. 9)
wordt met 1 Januari e. k. ingetrokken.

Gegeven te Paramaribo den 8sten October 1887.

H. J. SMIDT.

De Gouvernements-Secretaris,
W. TONCKENS JLZ.

Uitgegeven 22 October 1887.
De Gouvernements-Secretaris,
W. TONKENS JLZ.

LIJST A van **geneesmiddelen** en van **benoodigdheden** voor de apotheek, waarvan de daarbij vermelde hoeveelheid ten behoeve der zieken op immigranten plantages en gronden steeds aanwezig moet zijn.

Art. 13 *der verord. van* 21 *Jan.* 1879 (*G. B. N°.* 8).

		KG.	HG.	DG.	
1	Acetas aethylicus (aether aceticus)			3	[o]
2	„ plumbi (saccharum-saturni(†)		1		
3	Acidum hydrochloricum dilutum (†)			5	[o]
4	„ nitricum (†)			5	[o]
5	„ phenylicum cristall (†) . .		1		[o]
6	„ „ crudum (†) . .	1			
7	„ sulphuricum dilutum (†) .			5	[o]
8	„ salicylicum			5	
9	„ tannicum			5	
10	„ tartaricum		1	5	
11	Aether cum spiritu (spiritus Hoffmanni)			5	[o]
12	Aloë			3	
13	Ammonia liquida (†)			5	[o]
14	Aqua laurocerasi (†)			5	[o]
15	Araroba (goa-poeder) (†)			2	
16	Balsamum copaivae		1		[o]
17	„ peruvianum			2	[o]
18	Bicarbonas natricus (bic. sodae) .		2		
19	Biboras natricus (borax)			5	
20	Brometum kalicum			3	[o]
21	Camphora			3	[o]
22	Carbonas et hydras magnesicus (magnesia alba)			5	
23	Catechu			3	
24	Chloras kalicus			5	
25	Chloretum hydrargyrosum (calomel) (†)			1	
26	„ hydrargyricum (sublimaat) (†)			3	
27	„ ammonicum			2	
28	Chloroformum (†)		1		[o]

		KG.	HG.	DG.	
29	Cortex peruviani fuscus	1			
30	Elixir paregoricum (†)			3	
31	Emplastrum resinosum (E. adhae-sivum)			5	
32	„ cantharidum (†) . .			3	[o]
33	Extractum belladonnae (†) . . .			1	[o]
34	„ chinae aquosum . . .			3	
35	„ gentianae			3	
36	„ hyoscyami spirituosum(†)			1	[o]
37	„ secaliscornuti(Bonjean)(†)			3	[o]
38	Folia sennae			5	
39	Gummi arabicum, in pulvere . .		1		[o]
40	Hydrochloras morphini (murias mor-phini) (†)			0.2	[o]
41	Jodetum kalicum		1		[o]
42	Jodoform (†)			3	[o]
43	Lactas ferrosus			3	[o]
44	Nitras argenticus fusus (†) . . .			1	[o]
45	„ bismuthicus basicus . . .			1	
46	„ kalicus (nitrum)		1		
47	Nitris aethylicus c. alcohole (spiritus nitri dulcis)			5	[o]
48	Oleum jecoris aselli	1			
49	„ menthae piperitae. . . .			1	[o]
50	„ olivarum		5		
51	„ ricini	2			
52	„ terebinthinae			5	
53	Oxydum hydrargyricum (mercurius praecipitatus ruber) (†)			1	
54	Pulvis opii compositus (pulvis Do-veri) (†)			3	[o]
55	Radix ipecacuanhae, in pulvere (†) .			1	
56	„ jalapae, in pulvere . . .			2	
57	„ rhei, in pulvere			5	[o]
58	„ salep, in pulvere			3	[o]
59	Saccharum lactis		1		
60	Salicylas natricus			5	
61	Santoninum (†)			0.2	
62	Sapo viridis	1			
63	Semen sinapis in pulvere (mosterd)		1		
64	Solutio ammoniae spirituosa anisata			5	[o]
65	„ chloreti ferrici (†) . . .			5	[o]
66	„ hypochloritis calcici . , .	1			
67	„ jodii spirituosa			5	[o]

		KG.	HG.	DG.	
68	Spiritus van 20 graden		2		
69	Styrax liquidas		1		
70	Sulphas atropini (†).			0,1	[o]
71	„ calcicus (gips)	2			[o]
72	„ chinini			5	[o]
73	„ cupricus (†).			2	
74	„ kalico-aluminicus (alumen crudum).			5	
75	„ magnesicus.	2			
76	„ natricus (sulphas sodae) .	2			
77	„ zincicus (†)			2	[o]
78	Sulphidum stibicum (Sulph. aurat. antim.) (†)			1	[o]
79	Tartras kalico-stibicus (tartarus antim.) (†)			1	[o]
80	„ kalicus-acidus (cremor tartari)		1		
81	Tinctura acida aromatica			5	[o]
82	„ digitalis (†)			3	[o]
83	„ ferri cydoniata (pomati) .			3	[o]
84	„ myrrhae			3	[o]
85	Unguentum hydrargyri (†) . . .		1		
86	Vaselinum		1		
87	Vinum opii aromaticum (laudanum) (†)			3	[o]
88	Katoenen compressen	1			
89	„ zwachtels	1			
90	Flanellen do	2			
91	Scheurlinnen (ooglinnen) ½ Meter.				
92	Watten (Bruns) . . . 2 pakjes.				
93	Aseptisch gaas		1		
94	Zijde . . . . 1 streng.				
95	Spelden . . . . . . 1 brief.				

1 kookpan, van blik, tin of verglaasd ijzer.
2 mortieren en stampers, van aardewerk of porcelein.
1 pillenplank.
1 glazen maat van 1—50 gram (van maatstreepjes
    voorzien).
1 glazen maat van 10—250 gram (van maatstreepjes
    voorzien).
1 glazen trechter.
4 „ injectiespuitjes.
1 lavementspuit of irrigateur.

1 mans-urinaal.

2 spatels.

1 hoornen of beenen lepel.

1 koperen balans met schalen voor gramgewicht tot 5 H.G.

1 koperen balans met schaaltjes voor milligram-gewicht.

1 porceleinen of tinnen maat van 250 gram inhoud (van maatstreepjes voorzien).

2 huid-thermometers.

1 streng bindgaren voor de apotheek.

1 boek poederpapier.

medicijnfleschjes, potjes en kurken, van verschillende grootte.

1 verbandschaar.

1 *vergiftkastje* met slot en sleutel. Hierin moeten de geneesmiddelen worden geplaatst, die met een (†) zijn aangeteekend, terwijl die welke door het teeken [o] zijn aangeduid, in *glazen stopfleschjes* moeten bewaard worden.

Op plantages of gronden waar zich minder dan *twintig* arbeiders bevinden, zal *slechts de helft* van de voorgeschrevene hoeveelheid geneesmiddelen, op die met *meer dan twee honderd* arbeiders zal steeds de *dubbele* hoeveelheid moeten aanwezig zijn.

Behoort bij het Besluit van 8 October 1887 (G. B. N°. 28).

Mij bekend,

De Gouvernements-Secretaris,

W. TONCKENS JLZ.

LIJST _B_ aanwijzende de **hospitaal-four-nitures** en **kleeding**, die ten behoeve der zieken in den daarbij aangeduiden voorraad steeds aanwezig moeten zijn.

Art. 13 _der verord. van_ 21 _Jan._ 1879 (_G. B. N°._ 8).

Kribben of veldezels van hout of ijzer, ten minste 1.8 meter lang en 1 meter breed, met den onder-kant ten minste 0.4 en ten hoogste 0.7 meter boven den vloer, — in eene hoeveelheid gelijkstaande met _tien_ percent der immigranten.

Een houten of ijzeren krib voor verlossingen.

Bij elke krib:
een matras.

Bij elke krib of veldezel:
een leg- of beddeplank of een tafeltje,
een zwart bordje ter aanteekening van den naam des lijders en van andere bijzonder-heden,
een peluw,
een kussen,
twee linnen of katoenen lakens,
een kussensloop,
een wollen deken,
twee witte handdoeken,
een waterpot,
een waschkom ⎫
een bord   ⎬ van blik, vertind ijzer
een kroes of kom ⎭   of aardewerk.
een lepel van vertind ijzer,
en _drie_ stel hospitaalkleeding waarvan $^2/_3$ voor mannen en $^1/_3$ voor vrouwen en die bestaan moet
voor de mannen: uit een hemd of boezeroen en een broek van wit linnen of van dik wit katoen, en
voor de vrouwen: uit een hemd van wit lin-nen of van dik wit katoen en een japon van blauw boekjesstreep.

Een ondersteek van _tin_ of _aardewerk_.

Twee stukken gewaat linnen of guttapercha, elk ten minste 1.5 meter lang en 1 meter breed.

Een badkuip.

Voor elk ziekenvertrek:
een houten spuwbakje, en zoodra het vertrek in gebruik is eene door den geneesheer te bepalen hoeveelheid drinkwater.

Behoort bij het Besluit van 8 October 1887 (G. B. N°. 28).

Mij bekend,

De Gouvernements-Secretaris,

W. TONKENS JLZ.

BIJLAGE E.

1887.   N°. 29.

GOUVERNEMENTSBLAD DER KOLONIE SURINAME.

RESOLUTIE

van 8 October 1887 La. A N°. 5274,

houdende afkondiging van nieuwe lijsten van genees-
kundige voorschriften en diëeten, ter vervanging van
die behoorende bij het Besluit van 16 Juni 1884
(G. B. N°. 9)

DE GOUVERNEUR VAN *SURINAME*,

Nader voorgenomen de lijsten van geneeskundige voorschriften en van diëeten, door de Commissie bedoeld bij art. 22, 4e en 5e lid, der verordening van 21 Januari 1879 (G. B. N°. 8), benoemd bij Gouvernementsresolutie van 24 Augustus 1887 La. A N°. 4379, opgemaakt ter herziening en vervanging van de lijsten C en D, behoorende bij het Besluit van 16 Juni 1884 (G. B. N°. 9);

Gelet op het Besluit van heden (G. B. N°. 28) tot nadere vaststelling van lijsten A en B van geneesmiddelen en benoodigdheden voor de apotheek en van hospitaalfournitures en kleeding, op plantages en gronden met immigranten;

BESLUIT:

De lijsten C en D, bij dit Besluit gevoegd, door bovenvermelde Commissie opgemaakt om met 1 Januari 1888 in plaats te treden van de onder die letters bij het Besluit van 16 Juni 1884 (G. B. N°. 9) gevoegde, af te kondigen door ze met dit Besluit te doen opnemen in het Gouvernementsblad.

Paramaribo, 8 October 1887.

H. J. SMIDT.

Uitgegeven 22 October 1887.
De Gouvernements-Secretaris,

W. TONCKENS JLZ.

LIJST *C* van geneeskundige voorschriften (bestemd voor volwassenen).

A. Geneesmiddelen tot inwendig gebruik.

N°. 1. Afkooksel van *Kinabast.* Decoctum corticis chinae (peruv.) fusci.

Neem 30 gram Kinabast (Cort. peruv. fuscus), kook ze met 350 gram water tot er na doorzijging 250 gram overblijft en voeg er bij: Tinct. acida aromatica 2 gram. Schrijf er op: Alle 2 uur 2 eetlepels. (8 gram Extractum chinae in 250 gram warm water opgelost, kan hier vervangen het afkooksel).

N°. 2. Aftreksel van *Sennebladeren.* (Infusio laxans.)

Neem 10 gram sennebladeren (Folia sennae), trek ze met 200 gram kokend water, zijg door, voeg er bij Sulphas magnesicus (Eng. zout) 15 gram en schrijf er op: Alle 2 uur 2 eetlepels.

N°. 3. *Salebdrank.* (Solutio saleb cum laudano.)

Neem 2 gram Salebpoeder (Pulvis rad. saleb), schud het met 200 gram kokend water, voeg er bij 1 gram Vinum opii aromaticum en schrijf er op: Alle 2 uur 2 eetlepels.

N°. 4. *Gomdrank.* (Solutio gummi arabici cum laudano.)

Neem 15 gram poeder van Arab. gom (Pulv. g. arabici) los het op in 200 gram water, voeg er bij 1 gram Vinum opii aromaticum en schrijf er op: Alle 2 uur 2 eetlepels.

N°. 5. *Braakpoeder.* (Pulveres cum ipecacuanha et tartaro emetico.)

Neem 3 gram Pulvis rad. ipecacuanhae, 150 milligram Tartarus emeticus, maak er 3 poeders van en schrijf er op: Alle half uur een poeder tot braking volgt.

N°. 6.   *Poeders van Chinine en Rhabarber.* (Pulveres
e. chinino cum rheo.)

Neem Sulphas chinini en Rhabarber-
poeder (Pulvis rad. rhei) van elk 1.5 gram,
maak er 6 poeders van en schrijf er op:
Alle 2 uur een poeder.

N°. 7.   *Poeders tegen de hoest.* (Pulveres e. sulph.
aurat. antim. et extr. hyoscyami.)

Neem 250 milligram Sulphur aurat.
antimon., 1 gram Extr. hyoscyami spirit.
en 10 gram Sacchr. lactis, meng ze nauwkeurig, maak er 12 poeders van en schrijf
er op: Alle 2 uur een poeder.

N°. 8.   *Bismuth-poeders.* (Pulveres cum nitr. bis-
muthic. bas.)

Neem 1 gram Nitras bismuthicus ba-
sicus, voeg er bij 50 milligram Hydro-
chloras morphii en 1 gram Bicarbonas
natricus, maak er 5 poeders van en schrijf
er op: Alle 2 uur een poeder.

N°. 9.   *Bruispoeders.* (Pulvis aërophorus.)

Neem 5 gram Bicarbonas natricus, 4
gram Acidum tartaricum en 5 gram witte
suiker, maak er 3 poeders van en schrijf
er op: Bruispoeders.

N°. 10.   *Poeders tegen zuurte van kinderen.* (Pulvis
radicis rhei cum magnesia.)

Neem 2 gram Pulvis rad. rhei, 4 gram
Magnesia alba en 2 druppels Oleum
menth. piper, meng ze en schrijf er op:
3 maal daags 1 theelepel.

N°. 11.   *Laxeer-pillen.* (Pilulae laxantes.)

Neem 1 gram Aloë, 2 gram Pulvis
jalapae, 4 gram Pulv. rad. rhei, maak er
met Extractum gentianae 50 pillen van,
wikkel ze in Magnesia alba en schrijf
er op: 2 maal daags 5 pillen.

N°. 12. *Chinine-pillen.* (Pilulae e. sulph. chinini.)

Neem 4 gram Sulphas chinini en 2 gram Pulvis gummi arabici, meng ze en maak er met eenige druppels water of met Extractum gentianae 60 pillen van, wikkel ze in Magnesia alba en schrijf er op: Chinine-pillen.

N°. 13. *Oplossing van Sulphas chinini.* (Solutio sulphatis chinini.)

Neem 1 gram Sulphas chinini, voeg er een weinig water en 1 gram Acidum sulphuricum dilutum bij en daarna nog 125 gram water, schrijf er op: Alle 2 uur 2 eetlepels.

N°. 14. *Oplossing van Jodetum-kalicum.* (Solutio jodeti kalici.)
(Yawsmiddel).

Neem 5 gram Jodetum kalicum, los ze op in 120 gram water en schrijf er op: 3 maal daags 1 eetlepel.

N°. 15. *Hoestdruppels.*

Neem Aqua laurocerasi en Solutio ammoniaci spirituosa anisata, van elk 4 gram, voeg er 0,5 gram Laudanum bij en schrijf er op: 4 maal daags 20 druppels.

B. Geneesmiddelen tot uitwendig gebruik.

N°. 16. *Gorgeldrank of mondspoeling* van Chloras kalicus (Gargarisma of Collutorium c. chlorate kalico).

Neem 5 gram Chloras kalicus, los ze op in 200 gram water en schrijf er op: Mondspoeling (Gorgeldrank.)

N°. 17. *Goulardwater.* (Aqua Goulardi.)

Neem 15 gram Acetas plumbi, los ze op in 450 gram water, voeg er 25 gram spiritus van 20 graden bij en schrijf er op: Uitwendig (Vergift).

N°. 18. *Oplossing van carbolzuur.* (Solutio acid. phenylici).

> Neem 10 gram Acid. phenylicum (zuivere Carbolzuur), los ze op in 500 gram water en schrijf er op: Uitwendig.

N°. 19. *Oogdruppels* van Sulphas zinci.

> Neem 100 milligram Sulphas zinci, los het op in 25 milligram water en schrijf er op: Oogdruppels.

N°. 20. *Koudmakendmengsel.* (Fomentatio refrigerans.)

> Neem Chloretum ammonicum en Nitras kalicus (Salpeter) van elk 50 gram, los ze op in 2 kilo water, voeg er 200 gram azijn bij en schrijf er op: Uitwendig, voor koude omslagen.

N°. 21. *Vluchtig smeersel.* (Linimentum volatile).

> Neem 10 gram Ammonia liquida, meng ze met 50 gram Ol. olivarum en schrijf er op: Uitwendig.

Op elke flesch, pot of doos en op elk pakje moet een signatuur, aanwijzende den inhoud of het gebruik, aanwezig zijn; — voor inwendige geneesmiddelen op **wit**, voor uitwendige op **gekleurd** papier geschreven.

Behoort bij de Gouvernementsresolutie van 8 October 1887 La. A N°. 5274 (G. B. N°. 29).

Mij bekend.

De Gouvernements-Secretaris,

W. TONCKENS JLZ.

LIJST *D* van Diëeten.

N°. 1. Gewoon Diëet.

Des morgens 8 uur.

Brood . . . . 0.2   K.G.
Bereide cacao (chocolade) . . . 0.015   „
    (Gekookt met 0.4 Liter water).
Suiker . . . . 0.05   „
Op plantages en gronden waar geen brood ver-
krijgbaar is, mag in de plaats daarvan verstrekt
worden:
Beschuit . . . . 0.15   K.G.

Des middags 12 uur.

Rijst met of zonder splitpeas te
    zamen wegende . . . . . 0.250 K.G.
Versche, gezouten, leng- of stok-
    visch . . . . 0.1   „
Boter of reuzel, door den geneeskundige te bepalen met inachtneming van de godsdienstige gebruiken der verpleegden . . . . 0.025 KG.

Des namiddags 5 uur.

Hetzelfde dat om 12 uur gegeven wordt, maar
voor hen, die aan inlandschen kost gewend zijn,
in plaats van rijst met of zonder splitpeas: 4 à 5
banannen, te zamen een gewicht hebbende van
minstens . . . . 0.7   K.G.

Aan personen die als ziek worden opgenomen
op dagen dat de geneesheer niet komt, zal tot aan
zijn eerstvolgend bezoek worden verstrekt:

Aan volwassenen:

A. Bij uitwendige gebreken:

3/4 van Diëet N°. 1.

B. Bij inwendige ziekten:

b.v. Koorts, Diarrhoea enz.:

8 uur 's morgens.

Thee met suiker en melk, en brood of beschuit.

---

12 uur 's middags.

Rijst met boter of met melk en suiker.

---

5 uur 's middags.

Sago of blompap.

Het bovenstaande volgens de voorgeschrevene hoeveelheid bij Diëet N°. 3.

Voor kinderen beneden de 10 jaren, de helft van bovenstaand diëet.

N°. 2. Versterkend diëet

Des morgens 8 uur.

Brood. . . . . 0.2   K.G.
Bereide cacao (chocolade) . . . 0.015   „
    (Gekookt met 0.4 Liter water).
Suiker . . . . 0.05   „
Op plantages en gronden waar geen brood verkrijgbaar is, in de plaats daarvan:
Beschuit. . . . . 0.15   K.G.
Op voorschrift van den geneesheer één gekookt ei of een waterglas (0.25 Liter) melk.

Des middags 12 uur.

Soep, bereid met rijst, vermicelli, aardvruchten
of groenten en toebehooren met:

versch vleesch . . . . 0.2   K.G.
of versche visch . . . . . . 0.3   „
of ¹/₄ van een kip of eend,
elke kip of eend wegende p. m. 1.   „

De soep en het vleesch kunnen vervangen worden door soep uit blik 0.125 Liter, zijnde dit de
helft van een blikje soep van 0.5 K.G. en schapenvleesch uit blik . . . . 0.07 K.G.
Brood of beschuit . . . . . 0.1   „
Roode wijn 20   c.L.

(Op voorschrift van den geneesheer).

Des namiddags 5 uur.

Rijst . . . . 0.1   K.G.
Boter . . . . 0.02   „
Brood. . . . . 0.1   „

Wanneer 's middags 12 uur schapenvleesch uit
blik is verstrekt, wordt des namiddags 5 uur dezelfde hoeveelheid uitgereikt.

N°. 3. Extra diëet.

De geneesheer kieze uit de volgende lijst van
Voedingsmiddelen, wat hij voor den lijder noodig
oordeelt. De hierbij opgegevene hoeveelheden zijn
voor een maaltijd bestemd, terwijl voor eieren,
melk, cognac en wijn geene hoeveelheid wordt bepaald, omdat die geregeld moet worden naar den
toestand van den lijder.

Rijst . . . . 0.125 K.G.
Groene erwten . . . . . . 0.125   „
Splitpeas of dhôll . . . . . 0.125   „
Arrowroot . . . . 0.05   „
Sago . . . . 0.05   „
Gort . . . . 0.125   „

Blom	0.05	K.G.
Schapenvleesch uit blik . . .	0.07	"
Boter	0.01	"
Suiker	0 03	"
Cacao of chocolade	0.015	"
Thee	0.02	"
Koffie	0.015	"
Brood of beschuit	0.1	"
Soep of bouillon uit blik . . .	0.125	Liter

(zijnde de helft van $^1/_2$ kilogr. blikje).
Liebigs extract, voor zooveel noodig.

Voor kinderen wordt de hoeveelheid van de verschillende diëeten door den geneesheer voorgeschreven.

Behoort bij de Gouvernementsresolutie van 8 October 1887 La. A N°. 5274 (G. B. N°. 29).

Mij bekend,

De Gouvernements-Secretaris,

W. TONCKENS JLZ.

1880. N°. 3.

GOUVERNEMENTSBLAD DER KOLONIE SURINAME.

VERORDENING

van den 21sten Augustus 1878,

betreffende de oprigting van een immigratiefonds. [1]

IN NAAM DES KONINGS!

DE GOUVERNEUR VAN *SURINAME.*

In overweging genomen hebbende: dat de aanvoer van vrije arbeiders ter bevordering van de welvaart der kolonie onmisbaar en dat daartoe de oprigting van een immigratiefonds noodig is;

Heeft, den Raad van Bestuur gehoord, na verkregen goedkeuring der Koloniale Staten,

Vastgesteld onderstaande verordening:

Artikel. 1.

Er wordt opgerigt een *Immigratiefonds voor de kolonie Suriname,* uitsluitend bestemd tot bevordering van den aanvoer van vrije arbeiders naar die kolonie en hetgeen daarmede in verband staat.

Art. 2.

Dit fonds wordt, afgescheiden van de koloniale geldmiddelen, onder oppertoezigt van den Gouverneur, beheerd door den administrateur van Financien, die het fonds zoo in als buiten regten vertegenwoordigt.

De wijze van beheer wordt, zooveel noodig, door den Gouverneur bij besluit geregeld.

De beheerder wordt bijgestaan door een bezoldigd kassier-boekhouder, tevens secretaris der in art. 10 bedoelde commissie, wiens bezoldiging, te stellen borgtogt en instructie door den Gouverneur worden vastgesteld.

Zoo noodig wordt hem meer personeel toegevoegd.

---

1) Ten aanzien van die artikelen dezer verordening, waarvan het cijfer met vette letters is gedrukt, raadplege men de hier achter als Bijlage A opgenomen verordening van 1883. N°. 5

Art. 3.

De administrateur van Financien doet jaarlijks aan den Gouverneur rekening en verantwoording van het door hem gevoerd beheer.

De Gouverneur zendt deze rekening ten fine van consideratien en advies aan eene commissie van drie leden, bestaande uit één lid van den Raad van Bestuur en twee leden van de Koloniale Staten, jaarlijks door hem te benoemen, stelt haar daarna vast en zendt daarvan afschrift aan de Koloniale Staten als bijlage der begrooting.

Art. 4.

Ten laste van het immigratiefonds komen:

a. alle kosten van aan- en terugvoer van arbeiders door tusschenkomst van het Gouvernement en de daaruit voortvloeijende of daarmede in verband staande kosten, waaronder begrepen die van de buitenlandsche agentschappen en die van werving en onderhoud der arbeiders vóór de afscheping;

b. de kosten van onderhoud en van verpleging van de bij aankomst ziek bevonden arbeiders, bedoeld in art. 36 van het Koninklijk Besluit van 22 Maart 1872 N°. 27 (G. B. N°. 8) en van die, welke ingevolge art. 29 van deze verordening niet zijn toegewezen;

c. de aan den huurder terug te geven gelden in de gevallen voorzien bij de artt. 36 en 37 al. 3, en de kosten van onderhoud en verpleging van die arbeiders, waarvan de huurder krachtens art. 36 is ontheven, alsmede de kosten van onderhoud en verpleging na het verstrijken van de werkovereenkomst in het geval van art. 37 al. 2;

d. de voorschotten ter zake van kosten van huisvesting, voeding en geneeskundige verpleging van de immigranten na de ontscheping, welke kosten ingevolge art. 40 van het Koninklijk Besluit van 22 Maart 1872 N°. 27 (G. B. N°. 8) op den huurder worden verhaald;

e. de premiën aan arbeiders uit te keeren bij het sluiten van werkovereenkomsten ingevolge art. 39, en de kosten van afkoop van hun regt op vrijen terugvoer ingevolge dat artikel;

f. de premiën ingevolge art. 48 uit te keeren

voor den aanvoer van arbeiders door particulieren;
de premiën aan die arbeiders uit te keeren en
de bezoldiging van de in art. 49 bedoelde agenten;

g. de kosten van beheer van het immigratiefonds.
De kosten van het immigratiedepartement binnen
de kolonie blijven ten laste van de koloniale kas.
De kosten van begrafenis van onvermogende immigranten komen ten laste van den huurder.

Art. 5.

Ten bate van het immigratiefonds komen:

a. het bedrag van de geldleening bedoeld in de
voorlaatste alinea van art. 2 der verordening van
18 Februarij 1874 (G. B. N°. 2 van 1875) voor
zoover daarover niet reeds is beschikt, met de ingevolge de laatste alinea van dat artikel verkregen
en nog te verkrijgen baten;

b. de verbeurde gelden van inschrijvers, die in
gebreke zijn gebleven het geheel van het door hen
verschuldigde te storten ingevolge art. 7 van voornoemde verordening;

c. de kosten van den aanvoer van arbeiders voor
zoover die volgens art. 7 van deze verordening ten
laste der aanvragers komen;

d. de gelden bij het sluiten van werkovereenkomsten ingevolge art. 40 door de huurders te
voldoen;

e. de gelden door nieuwe huurders bij het vernietigen door een regterlijk gewijsde eener overeenkomst van immigranten, te betalen ingevolge
art. 21 van het Koninklijk Besluit van 22 Maart
1872 N°. 27 (G. B. N°. 8), voor zoover het
immigratiefonds ter zake dier arbeiders te vorderen
zal hebben;

f. de vergoeding door de koopers van goederen
aan het immigratiefonds verschuldigd in het geval
bedoeld in art. 43;

g. de interessen over alle door het immigratiefonds te verleenen voorschotten;

h. de gelden ontvangen voor het afgeven der
verklaring betreffende de saldo-schuld bedoeld in
art. 47;

i. de kosten van huisvesting, voeding en geneeskundige verpleging na de ontscheping der immigranten, welke ingevolge art. 40 van het Koninklijk

Besluit van 22 Maart 1872 N°. 27 (G. B. N°. 8)
ten laste van den huurder komen;

j. alle gelden welke aan het fonds bij Wet of
Koloniale Verordening worden toegevoegd, en alle
toevallige baten, die aan het fonds toekomen.

Art. 6.

De agent-generaal roept bij aankondiging in het
Gouvernements-advertentieblad, telken jare in de
maand Januarij of op zoodanig ander tijdstip als
de Gouverneur zal bepalen, belanghebbenden op
om binnen drie maanden hunne aanvragen om
arbeiders bij hem in te leveren.

Die aankondiging behelst den landaard van de
arbeiders die verkregen kunnen worden, en de som
welke de aanvrager voor elken toegewezen arbeider
zal moeten betalen.

De ingeleverde aanvragen worden terstond aan
den Gouverneur en door dezen aan de commissie
voor de waarborgen bij de immigratie toegezonden.

De Gouverneur is echter bevoegd zonder opgave
van redenen elke aanvraag af te wijzen.

Art. 7.

De som door den aanvrager voor elken toegewezen arbeider, die den leeftijd van 15 jaren heeft
bereikt, te voldoen, staat gelijk aan drie vijfde van
het bedrag, waarop de sub littera *a* van art. 4 bedoelde kosten van aanvoer jaarlijks door den Gouverneur zullen worden vastgesteld.

De kosten van terugvoer en die van verpleging
der arbeiders na de ontscheping blijven bij de berekening der kosten van aanvoer buiten aanmerking.

Voor hen, die den leeftijd van 10, doch dien
van 15 jaren nog niet hebben bereikt, is de helft
van het vorig bedoeld bedrag, en voor hen beneden
den leeftijd van 10 jaren, is niets verschuldigd.

Bij twijfel omtrent den leeftijd beslist de agent-
generaal, alvorens over te gaan tot de bij art. 28
bevolen toedeeling.

Art. 8.

De aanvrage moet behelzen het getal en den
landaard der verlangde arbeiders, de opgave van

de plantage of den grond waarvoor de arbeiders worden gevraagd en, bij niet consignering van het bedrag der kosten, dat bij toewijzing van het gevraagde aantal arbeiders verschuldigd zal zijn, de vermelding van de zekerheid, welke voor dat bedrag wordt aangeboden.

De aanvrage moet zijn gedagteekend en onderteekend door den aanvrager en door den eigenaar of de eigenaren der onroerende goederen, die tot zekerheid worden aangeboden of door hunne gemagtigden; zij moet, behalve de voornamen, namen en woonplaatsen der onderteekenaren, inhouden keuze van woonplaats te Paramaribo voor alle gevolgen der aanvrage, welke keuze ook van kracht blijft voor de erven of regtverkrijgenden der onderteekenaren.

Art. 9.

Tot zekerheid kunnen worden aangeboden onroerende goederen binnen de kolonie gelegen; schuldvorderingen gesterkt met eerste hypotheek op zulke goederen, aandeelen in soliede maatschappijen en vennootschappen en in geldleeningen van Staatswege of door bijzondere ligchamen zoo hier als in Nederland of in den vreemde aangegaan.

Art. 10.

Door eene Commissie van minstens drie leden, die door den Gouverneur worden benoemd en beëedigd, wordt een nauwkeurig onderzoek ingesteld of de aangeboden waarborgen voldoende zijn.

Art. 11.

De Commissie is bevoegd zich omtrent de waarde van de onroerende goederen, welke tot zekerheid aangeboden zijn, of wel van die, waarop de tot zekerheid aangeboden hypothecaire schuldvorderingen gevestigd zijn, te doen voorlichten door drie door haar te benoemen deskundigen, die een schriftelijk rapport moeten uitbrengen, zonder dat echter de Commissie aan hunne schatting gebonden zal zijn.

De Commissie heeft het regt den aanvrager eene door haar te bepalen som te laten storten, ten einde daaruit de kosten der schatting te bestrijden, indien de goederen op minder geschat mogten worden dan de waarde, gevorderd tot zekerheid der aanvrage; in het tegenovergestelde geval zal het gestort bedrag aan den aanvrager worden terug-gegeven, ook indien de Commissie zich niet bij de gedane schatting mogt nederleggen.

Op dezelfde wijze wordt gehandeld ten opzigte van het inwinnen van door de Commissie noodig geachte regtskundige adviezen.

Art. 12.

De Commissie dient zoo spoedig doenlijk een schriftelijk rapport van hare bevinding in bij den Gouverneur. Zij kan ook tot een minder getal ar-beiders dan gevraagd is, adviseren.

Art. 13.

De Gouverneur staat, na het rapport van de Commissie, de aanvrage geheel of gedeeltelijk toe, of wijst haar af, naar hem geraden voorkomt.

Hij geeft van die beschikking terstond kennis aan den Administrateur van Financien en door den agent-generaal aan den aanvrager.

De aanvrager heeft bij niet geheele toelating van zijne aanvraag het regt haar geheel in te trekken uiterlijk acht dagen nadat de beschikking te zijner kennis is gebragt.

Art. 14.

Zoodra de Administrateur van Financien kennis van voornoemde beschikking zal hebben ontvangen, vordert hij de consignatie van het bedrag, dat ver-schuldigd zal zijn bij toewijzing van het getal ar-beiders, voor wie de aanvraag is toegelaten.

Wat betreft de aanvragers die zekerheid hebben aangeboden, gaat hij over tot het nemen der ze-kerheid voor dat bedrag.

Alle kosten, welke vallen mogten op het stellen der zekerheid, komen ten laste der aanvragers.

Art. 15.

Indien de zekerheid bestaat uit aandeelen in maatschappijen, vennootschappen en geldleeningen,

zullen deze bij onderhandsche akte ten behoeve
van het immigratiefonds worden verpand voor het
geraamde bedrag dat verschuldigd zal zijn bij toewijzing der arbeiders, voor wie de aanvraag is
toegelaten; voor het bedrag dat hij bij de toewijzing zal blijken werkelijk verschuldigd te zijn zal
de aanvrager interessen ad zes ten honderd 's jaars
moeten betalen van den dag der toewijzing van de
arbeiders tot de voldoening.

Deze akte zal in het daartoe bestemd register
worden geboekt.

In deze akte zullen worden opgenomen al de
bedingen, die de schuldeischers ingevolge den 19den
titel van het 2e Boek van het Burgerlijk Wetboek
maken mag.

Met uitzondering van de aandeelen in de koloniale geldleening, die à pari zijn uitgegeven, en
als zoodanig zullen worden aangenomen, moet de
reëele waarde der in pand aangeboden effecten
boven het bedrag dat bij de toewijzing der arbeiders verschuldigd zal zijn, een surplus opleveren
van 20 ten honderd ingeval Nederlandsche of koloniale en van 30 ten honderd, ingeval buitenlandsche schuldbrieven worden verpand.

De koers wordt berekend naar de laatste alhier
ontvangen Nederlandsche Staatscourant, waarin die
opgave voorkomt.

Voor het geval de effecten eene daling ondergaan
tot beneden het verschuldigd bedrag, vult de aanvrager binnen eene maand, na daartoe te zijn aangemaand, het ontbrekende aan door voldoende
zekerheid. Bij gebreke hieraan is het verschuldigd
bedrag in zijn geheel terstond opeischbaar.

Art. 16.

Bestaat de zekerheid in eene schuldvordering gesterkt met eerste hypotheek, dan zal de onderhandsche akte, waarbij de aanvrager de schuldvordering ten behoeve van het immigratiefonds verpandt,
behalve de bedingen, welke de schuldeischer ingevolge den in het vorig artikel vermelden titel
van het Burgerlijk Wetboek maken mag, ook inhouden eene verklaring van den hypothecairen
schuldenaar of, en zoo ja, hoeveel door hem reeds
op de schuld is afbetaald, alsmede dat het hem

niet bekend is, dat de vordering ten behoeve van
een derde verpand, op eenige andere wijze verbonden of dat daarop eenig beslag gelegd is.

Ten hypotheekkantore zal ter zijde van de inschrijving, voor die hypotheek genomen, melding
gemaakt worden van de verpanding daarvan ten
behoeve van het immigratiefonds en zal telkenmale
dat de wet eenige oproeping van of kennisgeving
aan den hypothecairen schuldeischer voorschrijft,
gelijke oproeping of kennisgeving aan den Administrateur van Financien gedaan moeten worden.

Art. 17.

De hypothecaire schuldeischer bedoeld in het
vorig artikel is onbevoegd toe te stemmen in de
doorhaling der inschrijving zonder schriftelijke magtiging van den Administrateur van Financien.

Deze magtiging moet met die, bedoeld bij art.
1224 Burgerlijk Wetboek, worden overgelegd ten
kantore van den bewaarder der hypotheken; daarop
is van toepassing de bepaling van art. 1250 N°. 3
Burgerlijk Wetboek.

Art. 18.

Indien de zekerheid uit onroerende goederen bestaat wordt ten behoeve van het immigratiefonds
bij onderhandsche akte eene *eerste* hypothecaire
inschrijving op deze goederen genomen en schuld-
bekentenis gegeven voor het geraamde bedrag, dat
de aanvrager, volgens de berekening in het eerste
lid van art. 7 omschreven en de verdere bepalingen
dezer verordening, zal schuldig zijn, met de interessen ad zes ten honderd 's jaars van den dag
der toewijzing van de arbeiders tot aan de voldoening, nadat de Administrateur van Financien
zich overtuigd zal hebben, dat de tot zekerheid
aangeboden vaste goederen niet bezwaard, in beslag genomen of in andere handen overgegaan zijn.

De gemelde akte wordt door den Administrateur
van Financien en den aanvrager of diens gemagtigde alsmede, indien de aanvrager niet de eigenaar
van de bezwaard wordende goederen is, door den
eigenaar of diens gemagtigde in tegenwoordigheid
van den Kantonregter te Paramaribo geteekend.

Art. 19.

Het bedrag der inschrijving op elk door den aanvrager aangewezen goed mag niet hooger zijn dan de helft der door de Commissie voor de waarborgen bij de immigratie geschatte verkoopwaarde van het goed.

De gebouwen moeten tegen brandschade verzekerd zijn; de verzekerde som behoeft echter niet hooger te zijn dan het alsnog verschuldigde bedrag.

De Gouverneur doet, zoo dikwijls hem dat noodig voorkomt, door eene Commissie als bij art. 10 omschreven, naar den staat der verbonden goederen een onderzoek instellen. Wanneer die goederen in verkoopwaarde verminderd zijn tot beneden het dubbele van het nog verschuldigd bedrag, vult de aanvrager binnen eene maand, na daartoe te zijn aangemaand, het ontbrekende aan door voldoende zekerheid. Bij gebreke hieraan is de Gouverneur bevoegd om het nog verschuldigde bedrag in zijn geheel terstond te doen opeischen.

Bij verschil omtrent de schatting der koopwaarde, wordt die bepaald door drie arbiters, waarvan één door den Gouverneur, één door den aanvrager en de derde door de beide eersten of bij verschil, door den Kantonregter te Paramaribo wordt benoemd.

Blijft de aanvrager in gebreke binnen 14 dagen tot de benoeming over te gaan, dan wordt in zijne plaats door den Kantonregter te Paramaribo een arbiter benoemd.

De kosten van dit onderzoek komen ten laste van den schuldenaar, wanneer blijkt dat de verkoopwaarde der verbonden goederen tot beneden het dubbele van het nog verschuldigd bedrag is gedaald; in het tegenovergesteld geval komen zij ten laste van het immigratiefonds.

Art. 20.

Om de inschrijving te doen geschieden, stelt de Administrateur van Financien aan den bewaarder der hypotheken ter hand, twee door hem, door den aanvrager en door den eigenaar of de eigenaren der onroerende goederen onderteekende eensluidende borderellen.

De borderellen bevatten:

1°. de vermelding dat de inschrijving wordt genomen ten behoeve van het immigratiefonds en eene bepaalde aanduiding van den schuldenaar, alsmede, indien deze niet de eigenaar is van het verbonden goed, van den eigenaar, en opgave der woonplaats door beiden te Paramaribo, ingevolge art. 8 gekozen;

2°. het bedrag waarvoor de inschrijving wordt genomen;

3°. de aanduiding van den aard en de ligging der goederen, waarop inschrijving wordt genomen;

4°. de dagteekening en den aard van den regtstitel;

5°. de bedingen, welke naar aanleiding van het 2de lid van art. 1207 en van het 2de lid van art. 1238 Burgerlijk Wetboek, zoomede van de bepalingen dezer verordening, tusschen den aanvrager en den Administrateur van Financien als beheerder of ten opzigte van het verbonden goed mogten gemaakt zijn.

Art. 21.

De bewaarder behoudt een der borderellen, ten einde het onder de dagteekening van de opgave onder het loopend nommer in te schrijven in het register, bestemd voor de inschrijving der borderellen bedoeld bij art. 1215 Burgerlijk Wetboek, en is ten aanzien van het andere borderel verpligt de voorschriften van art. 1216 Burgerlijk Wetboek na te komen.

Art. 22.

Door de hypothecaire inschrijving verkrijgt het immigratiefonds, te rekenen van den dag der inschrijving op de verbonden goederen, voorrang voor het volle bedrag, dat de aanvrager bij de toewijzing der arbeiders verschuldigd zal zijn met de interessen voor dat bedrag ad zes ten honderd 's jaars van den dag der toewijzing af tot de voldoening, alsmede voor alle eventuele kosten.

De bepalingen van den 20sten titel van het 2de boek van het Burgerlijk Wetboek zijn op de hypothecaire inschrijvingen, volgens de voorschriften dezer verordening bij onderhandsche akten genomen, van toepassing, voor zoo ver in deze verordening daarvan niet wordt afgeweken.

Art. 1224 Burgerlijk Wetboek is toepasselijk, zonder dat echter de akte, waarbij door den Administrateur van Financien tot de doorhaling van de door hem genomen inschrijving wordt gemagtigd, authentiek behoeft te zijn.

Art. 1227 Burgerlijk Wetboek is toepasselijk mits de Administrateur van Financien zich ingevolge art. 51 dezer verordening van een executorialen titel voorzien hebbe.

Art. 23.

Alle beteekeningen, welke ingevolge art. 1239 van het Burgerlijk Wetboek aan het immigratiefonds zullen behooren te worden gedaan, zullen aan den persoon of de woonplaats van den Administrateur van Financien, als beheerder van het immigratiefonds, geschieden.

Op de wijze bij de vorige alinea vermeld, zullen ook, zoo dikwijls door den Administrateur van Financien geene uitdrukkelijke keuze van woonplaats is gedaan, moeten geschieden de oproeping bevolen bij art. 501 van het Wetboek van Burgerlijke Regtsvordering, alsmede alle andere oproepingen, kennisgevingen, beteekeningen en dagvaardingen, die aan het immigratiefonds gedaan moeten worden, hetzij naar aanleiding van de in het vorig artikel omschreven inschrijving, hetzij uit eenigen anderen hoofde.

Art. 24.

Te rekenen van den dag der inschrijving tot aan de doorhaling daarvan, zal elke overeenkomst, waarbij een of meerdere goederen, waarop inschrijving is genomen, of wel een gedeelte van zoodanig goed, door den eigenaar verhuurd is zonder schriftelijke toestemming van den Administrateur van Financien, van regtswege nietig zijn, zonder dat die nietigheid door den regter zal behoeven te worden uitgesproken, en zulks niet alleen ten aanzien van het immigratiefonds, maar ook ten aanzien van hem, die dat goed of die goederen bij verkoop voor het Hof van Justitie of bij verkoop krachtens art. 1207 alinea 2 of ingevolge art. 1239 Burgerlijk Wetboek zal hebben gekocht.

Alle bedingen in de veilconditien, waarbij van het in de vorige alinea bepaalde wordt afgeweken, worden voor niet geschreven gehouden.

Art. 25.

Zoodra de bedragen geconsigneerd zijn of daarvoor zekerheid is gesteld, wordt zulks den Gouverneur berigt, die de aanvraag daarna door den agent-generaal doet inschrijven in een register, inhoudende de voornamen, namen en woonplaatsen van de aanvragers en van hen, die hunne onroerende goederen tot zekerheid hebben gesteld; het getal en den landaard der arbeiders voor wie de aanvraag is toegelaten; de opgave van de plantage of den grond, waarvoor de arbeiders gevraagd zijn; het bedrag, dat de aanvrager heeft geconsigneerd of de zekerheid die hij heeft gesteld.

De aanvragers hebben regt naar inschrijving in dat register, met dien verstande dat de met elk schip aangebragte arbeiders zooveel mogelijk zullen toegewezen worden aan iederen aanvrager bij partijen van 15 tot 20 en dat de aanvragen, voor zoover daaraan niet voldaan is, naar volgorde van kracht blijven voor volgende bezendingen.

Art. 26.

Van wege den Gouverneur wordt door den agent-generaal een uittreksel uit dat register ter verdere uitvoering opgezonden aan de agenten ter plaatse van inscheping.

De afscheping zal zooveel mogelijk bij volle transporten geschieden.

Art. 27.

De aanvrage blijft geldig en van volle kracht ook voor de erven of regtverkrijgenden van den aanvrager.

Ingeval de Administrateur van Financien of de agent-generaal vóór dat de bestelling gedaan is, kennis bekomt van het in staat van faillissement

of kennelijk onvermogen geraken van den aanvrager,
wordt de aanvrage beschouwt te zijn vervallen.

Ingeval de aanvrager overlijdt vóór dat de bestelling gedaan is, blijft de aanvrage van kracht,
tenzij de erfgenamen, mits met toestemming van
den Gouverneur, de aanvrage intrekken.

Art. 28.

Bij aankomst der arbeiders geschiedt de toedeeling op de wijze bepaald bij de artt. 37 en 38 van
het Koninklijk Besluit van 22 Maart 1872 N°. 27
(G. B. N°. 8), met inachtneming van het bepaalde
in art. 25 van deze verordening.

Art. 29.

De toedeeling van de arbeiders, die bij het
onderzoek ingevolge art. 14 van het Koninklijk
Besluit van 22 Maart 1872 N°. 27 (G. B. N°. 8)
tijdelijk voor gewonen veld- of fabriekarbeid ongeschikt blijken te zijn, geschiedt na hun herstel.
Voor die arbeiders zal aan het fonds worden betaald het ingevolge art. 7 vastgesteld bedrag, maar
naar reden van hunnen na het herstel nog overigen
diensttijd.

Arbeiders, die *geheel* ongeschikt voor veld- of
fabriekarbeid zijn, worden niet toegewezen.

Indien echter de agent-generaal van oordeel is
dat deze arbeiders uithoofde van naauwe verwant-
schap of anderzins, niet behooren gescheiden te
worden van arbeiders, die toegedeeld worden, zal
hij hen kunnen toewijzen, zonder dat de aanvrager
voor de toewijzing dier arbeiders iets zal behoeven
te betalen en zonder dat zij bij de berekening
van het aantal in aanmerking komen.

Art. 30.

Zij die den leeftijd van 10, doch van 15 jaren
nog niet hebben bereikt, alsmede zij die ingevolge
art. 31 voor gewonen veld- of fabriekarbeid niet
geschikt geoordeeld worden, zullen bij de berekening van het aantal waarop de aanvrager regt
heeft, voor halve arbeiders worden gerekend.

Beneden den leeftijd van 10 jaren, zullen zij bij

de berekening van het aantal geheel buiten aanmerking blijven.

Art. 31.

Alvorens tot de toedeeling der arbeiders over te gaan, bepaalt de agent-generaal, voorgelicht door den geneesheer met de inspectie belast ten opzigte van de arbeiders, die tengevolge van ongemak, ouderdom of zwakke ligchaamsgesteldheid door hem voor den gewonen veld- of fabriekarbied niet geschikt geoordeeld worden, — het bedrag dat door den aanvrager bij toewijzing dier arbeiders betaald zal moeten worden.

De agent-generaal kan, daartoe termen vindende, bepalen dat de aanvrager, aan wien zij toegewezen worden, niets hoegenaamd zal behoeven te betalen.

Art. 32.

In alle gevallen waarin de agent-generaal beslist, handelt, indien de zaak spoedeischend is, in Nickerie de districts-commissaris naar bevind van zaken, onder nadere goedkeuring van den agent-generaal.

Art. 33.

De agent-generaal zendt zoo spoedig mogelijk na de toedeeling der arbeiders aan den Administrateur van Financien eenen staat, vermeldende het getal van de aan elken aanvrager toebedeelde arbeiders, den leeftijd ingevolge art. 7, alsmede het bedrag dat voor ieder der ongeschikte arbeiders ingevolge art. 31 verschuldigd is.

Door den aanvrager wordt onmiddellijk daarna minstens een vijfde van het op grond van dien staat vast te stellen en door hem verschuldigd bedrag voldaan.

Tot bewijs van hetgeen hij schuldig blijft, wordt door den Administrateur van Financien eene verklaring in duplo opgemaakt, bevattende het bedrag van die saldo schuld.

Deze verklaring wordt door dien ambtenaar en den aanvrager of diens gemagtigde in tegenwoordigheid van den kantonrechter te Paramaribo geteekend, en aan elk der partijen wordt een exemplaar der verklaring afgegeven.

Indien de aanvrager dat een vijfde niet betaalt of bovenvermelde verklaring niet teekent, worden de arbeiders niet aan hem overgegeven, doch loopen niet te min de interessen over het geheele door hem aan het immigratiefonds verschuldigde bedrag van regtswege van af den dag der toewijzing, en blijft de bepaling van art. 40 van het Koninklijk Besluit van 22 Maart 1872 N°. 27 (G. B. N°. 8) van toepassing.

Art. 34.

Het door den aanvrager verschuldigd saldo moet worden voldaan in vier gelijke termijnen, verschijnende op het einde van het 2de, 3de, 4de en 5de jaar na de toewijzing, telkenmale met bijbetaling van interessen over het geheele bij de betaling verschuldigde saldo.

Indien de toegewezen arbeiders voor korter dan 5 jaren gecontracteerd hebben, bepaalt de Gouverneur het aantal der termijnen, alsmede den tijd, waarop zij verschijnen.

Art. 35.

Bij niet-betaling op den vervaldag van den verschenen termijn met interessen, alsmede bij verkoop van de ten behoeve van het immigratiefonds verbonden goederen op eene der wijzen voorzien bij art. 24, is het geheel opeischbaar, zonder dat de schuldenaar in gebreke zal behoeven te worden gesteld.

Art. 36.

De agent-generaal zal de teruggave van het door den huurder betaalde bevelen:

a. indien een arbeider binnen drie maanden na de toewijzing sterft;

b. indien de huurder ten genoegen van den agent-generaal aantoont dat een arbeider binnen voormelden termijn geheel ongeschikt voor veld- of fabriekarbeid geworden is, zonder dat er vooruitzigt op beterschap bestaat, in welk geval de huurder van de verpligting tot onderhoud en verpleging ontheven is, tenzij de agent-generaal van oordeel is, dat de arbeider ingevolge de derde alinea van art. 29 bij de toebedeelde arbeiders behoort te blijven.

Art. 37.

Indien de huurder ten genoegen van den agent-generaal aantoont, dat een arbeider na verloop van drie maanden na de toewijzing door ziekte of ongemak ongeschikt is voor veld- of fabriekarbeid, zonder dat er vooruitzigt op beterschap bestaat, behoeft het verstrijken van de overeenkomst niet te worden afgewacht, indien door dien arbeider vrije terugvoer bedongen is, maar wordt de arbeider op zijn verzoek of op dat van den huurder met de eerste gelegenheid naar de plaats zijner herkomst terug gezonden.

De kosten van onderhoud en verpleging van den arbeider tot aan diens vertrek, indien de overeenkomst niet vóór dien tijd verstreken is, blijven ten laste van den huurder.

Indien die arbeider ongeschikt was volgens de gevallen voorzien bij art. 31 al. 1 beveelt de agent-generaal de teruggave naar reden van den nog overigen diensttijd van het door den huurder bij de toewijzing betaalde.

Art. 38.

Na afloop der oorspronkelijke werkovereenkomst kunnen de arbeiders bedoeld sub *a* van art. 4 nieuwe werkovereenkomsten ten genoegen van den agent-generaal aangaan voor niet korter dan één en niet langer vijf jaren.

Art. 39.

De agent-generaal bepaalt onder goedkeuring van den Gouverneur, het bedrag der premie waarop de arbeider, die eene nieuwe werkovereenkomst sluit ingevolge art. sub 10 van het Koninklijk Besluit van 22 Maart 1872 N°. 27 (G. B. N°. 8) aanspraak heeft, en zulks naar reden van den duur der nieuwe overeenkomst, alsmede het bedrag der premie voor de arbeiders bedoeld in de voorlaatste alinea van art. 40, die uithoofde van hunnen jeugdigen leef-

10

tijd zonder contract zijn toegewezen en later werkovereenkomsten sluiten.

De agent-generaal is bevoegd, onder goedkeuring
van den Gouverneur, aan arbeiders wier kosten
van terugvoer ingevolge art. 4 sub *a* ten laste van
het immigratiefonds komen en die afstand doen van
hun regt op vrijen terugvoer, eene premie toe te
kennen, waarvan het bedrag door hem onder gelijke
goedkeuring wordt vastgesteld.

Indien de arbeider voor gewonen veld- of fabriekarbeid ingevolge art. 31 al. 1 niet geschikt is, zal
het bedrag der premie naar gelang van zijne geschiktheid worden bepaald.

De premien worden aan den arbeider na het
sluiten der overeenkomst uitbetaald.

Art. 40.

Ieder, die eene werkovereenkomst ten genoegen
van den agent-generaal sluit na afloop der eerste
werkovereenkomst met arbeiders, waarvan de kosten
van aanvoer, ingevolge onderdeel *a* van art. 4,
ten laste van het immigratiefonds zijn gekomen, en
die geen diensttijd van 10 jaren in deze kolonie
vervuld hebben, zal aan het immigratiefonds betalen
eene som gelijkstaande aan het bedrag der kosten,
waarop de aanvoer der arbeiders bij de laatste bezending uit de plaats hunner herkomst, ingevolge
art. 7, den aanvrager komt te staan, en zulks naar
reden van het aantal jaren waarvoor de overeenkomst wordt aangegaan.

Ieder die eene overeenkomst ten genoegen van
den agent-generaal sluit met arbeiders, waarvan
de kosten van aanvoer, ingevolge onderdeel *a* van
art. 4 ten laste van het immigratiefonds zijn gekomen en die, uithoofde van hun jeugdigen leeftijd
na hunne aankomst zonder contract zijn toegewezen, moet aan het immigratiefonds betalen het ingevolge de vorige alinea bepaalde bedrag.

Deze overeenkomsten mogen niet later eindigen
dan die, welke gesloten zijn met de hoofden der
huisgezinnen, waartoe zij behooren.

Art. 41.

Ingeval de arbeider, die eene overeenkomst ingevolge art. 39 sluit, voor gewonen veld- of fabriek-arbeid volgens art. 31 ongeschikt is, kan de agent-generaal den huurder gedeeltelijk vrijstellen van de betaling van het in het vorig artikel bepaald bedrag.

Dit bedrag mag nimmer minder zijn dan de premie aan den arbeider ingevolge art. 39 uit te betalen.

Art. 42.

De bepalingen van de artikelen 36 en 37 zijn toepasselijk op de gevallen bedoeld in de artikelen 40 en 41.

Art. 43.

Ieder die bij verkoop, hetzij voor het Hof van Justitie, hetzij krachtens art. 1207 alinea 2 van het Burgerlijk Wetboek, goederen koopt, waartoe arbeiders, vermeld in alinea a van art. 4 behooren, die in huur zijn bij den eigenaar dier goederen, wordt, behoudens de goedkeuring van den Gouverneur van regtswege huurder dier arbeiders, en zal boven en behalve den koopschat moeten betalen het bedrag ingevolge littera c of littera d van art. 5 door den uitgewonnen huurder verschuldigd of betaald, en zulks naar reden van den door die arbeiders van af den dag der feitelijke inbezitstelling nog te vervullen diensttijd, alsmede de renten over dat bedrag, berekend tegen zes ten honderd 's jaars van af den dag der feitelijke inbezitstelling tot de voldoening.

Onder deze arbeiders worden ook begrepen zij, die op den dag van de feitelijke inbezitstelling, hetzij ten gevolge van ziekte, van het verkochte goed afwezig zijn, hetzij ten gevolge van eene veroordeeling of om andere redenen zich in hechtenis bevinden.

De kooper zal niets behoeven te betalen ter zake van arbeiders, vóór de feitelijke inbezitstelling overleden [1]).

---

1) Men zie in dit verband art. 45 van het Koninklijk Besluit van 22 Maart 1872 N°. 27 (G. B. N°. 8), zooals dat art. luidt na de wijziging daarin gebracht bij het Koninklijk Besluit van 8 Juni 1886 N°. 35 (G. B. 1886 N°. 30).

Art. 44.

Ingeval van verkoop ingevolge het laatste artikel, zal bij de veilconditien worden overgelegd eene verklaring van den agent-generaal, waaruit van het aanwezen, het getal en den landaard van de tot die goederen behoorende arbeiders blijkt, met vermelding van den nog te vervullen diensttijd, alsmede eene verklaring van den Administrateur van Financien, waaruit blijkt of en hoeveel het immigratiefonds te vorderen heeft ter zake van de arbeiders door den eigenaar voor die goederen gehuurd, onverschillig of die arbeiders allen in leven zijn, dan wel of een gedeelte overleden is.

Indien het immigratiefonds te dier zake nog te vorderen heeft, zal het door den kooper ingevolge art. 43 verschuldigd bedrag met de interessen aan dat fonds uitgekeerd worden ter voldoening van die vordering.

Indien minder te vorderen is dan het door den kooper ingevolge art. 43 verschuldigd bedrag, zal het overschot met de interessen door den kooper moeten worden voldaan op den tijd en de wijze bij de veilconditien voor de betaling van den koopschat bepaald, hetgeen eveneens het geval zal zijn met het geheele door den kooper ingevolge dat artikel verschuldigd bedrag met interessen, indien het immigratiefonds niets te vorderen heeft.

De door den uitgewonnen eigenaar gestelde zekerheid blijft ten behoeve van het immigratiefonds verbonden, totdat de vordering waarvoor die zekerheid is gesteld, volledig zal zijn gekweten.

Indien echter het ingevolge de eerste alinea van art. 43 door den kooper boven en behalve den koopschat verschuldigd bedrag voldoende is tot afbetaling van het geheele aan het immigratiefonds verschuldigde saldo met interessen en kosten, en de Administrateur van Financien aan den kooper ingevolge de bepaling van het volgende artikel, termijnen toestaat voor de betaling, zal de uitgewonnen eigenaar ontslagen zijn van zijne verpligtingen te dier zake jegens het immigratiefonds.

Art. 45.

De Administrateur van Financien is bevoegd

voor de betaling van de gelden bij het sluiten van werkovereenkomsten bedoeld in art. 39 ingevolge de artt. 40 en 41 verschuldigd, onder goedkeuring van den Gouverneur, dezelfde termijnen toe te staan als bepaald zijn in art. 34 ten opzigte van het sluiten der eerste overeenkomsten, en zulks onder de voorwaarden en tegen het stellen der zekerheid bij art. 14 en volgenden voorgeschreven.

Voor de betaling van de gelden aan het immigratiefonds verschuldigd krachtens de 2e en 3e alinea van het vorig artikel of krachtens art. 46 van deze verordening of krachtens de 1e alinea van art. 21 van het Koninklijk Besluit van 22 Maart 1872 N°. 27 (G. B. N°. 8), kunnen onder gelijke voorwaarden als hiervoren bepaald aan den nieuwen huurder dezelfde termijnen worden toegestaan die aan den oorspronkelijken huurder verleend waren.

Op de te stellen zekerheid zijn van toepassing al de voorschriften dezer verordening, welke betrekking hebben op de zekerheid bedoeld in art. 14 van deze verordening.

Art. 46.

Indien de huurder van arbeiders niet bij magte is het bedrag, waarvoor hij zekerheid heeft gesteld, te voldoen, kan de agent-generaal op zijn verzoek en onder goedkeuring van den Gouverneur, de arbeiders of een gedeelte der arbeiders bij een anderen huurder te werk stellen, met inachtneming van het voorschrift van de 1e alinea van art. 20 van het Koninklijk Besluit van 17 Maart 1872, Staatsblad N°. 16 (G. B. N°. 14).

Het te dier zake door den nieuwen aan den vroegeren huurder verschuldigde, zal aan het immigratiefonds worden uitgekeerd om te strekken op rekening of tot afdoening van het door laatstgenoemden huurder aan dat fonds verschuldigde.

De bepalingen van de laatste alinea van art. 44 omtrent den eigenaar en den kooper zijn van toepassing op den vroegeren en den nieuwen huurder.

Art. 47.

De Administrateur van Financien geeft aan ieder, die dit mogt verlangen, eene verklaring,

waaruit blijkt hoeveel per saldo verschuldigd is
aan kapitaal en interessen ter zake van inschrijvingen, genomen krachtens art. 20, en zulks tegen
betaling van een gulden voor elk onroerend goed,
waaromtrent zoodanige verklaring gevorderd wordt.

Art. 48.

De Gouverneur kan premiën uitloven voor den
aanvoer door particulieren van arbeiders met of
zonder contract, uit de plaatsen of havens en onder
de voorwaarden door hem vast te stellen.

Zulke arbeiders, welke bij aankomst reeds een
contract ten genoegen van den agent-generaal hebben gemaakt, alsmede zij die onmiddellijk na aankomst een dergelijk contract maken, zullen bij het
aangaan van nieuwe na afloop der oorspronkelijke
contracten, regt hebben op eene premie, uit te
betalen onmiddellijk na het sluiten der nieuwe
contracten.

De voorwaarden waaraan die arbeiders bij hunne
aankomst, alsmede bij het aangaan der nieuwe
contracten, moeten voldoen, de duur, waarvoor
deze moeten worden aangegaan en het bedrag der
premie, worden vastgesteld bij besluit van den
Gouverneur.

Art. 49.

De Gouverneur is bevoegd ter bevordering van
den aanvoer van arbeiders door particulieren, in
de plaatsen of havens, bedoeld in art. 48, agenten
aan te stellen en te bezoldigen.

Art. 50.

Uitgezonderd de gevallen, waarin de Administrateur van Financien gebruik maakt van het regt
van verkoop van het onroerend goed volgens art.
1207 van het Burgerlijk Wetboek, of van den verkoop der verpande goederen krachtens artt. 1185
seq. van het Burgerlijk Wetboek, geschiedt de invordering van de aan het immigratiefonds verschuldigde gelden bij dwangbevel, medebrengende het
regt van parate executie, dat is het regt om alle
roerende en onroerende goederen des schuldenaars
zonder vonnis aan te tasten.

Dit regt houdt stand tot dat de geheele vordering met renten en kosten ten behoeve van het immigratiefonds is afbetaald.

Art. 51.

Het dwangbevel moet behelzen een volledig afschrift van de verklaring door den schuldenaar afgegeven; het wordt uitgevaardigd door den Administrateur van Financien als beheerder van het immigratiefonds onder het opschrift: „In naam des Konings!" en executoir verklaard door den Kantonregter te Paramaribo.

Het kan tegen onderscbeidene personen gerigt zijn en wordt aan den schuldeuaar of de schuldenaren, in het laatste geval aan ieder zooveel hem aangaat, beteekend met bevel tot betaling, en voorts ten uitvoer gelegd op den voet en de wijze bij het Wetboek van Burgerlijke Regtsvordering ten aanzien van de tenuitvoerlegging van vonnissen en authentieke akten voorgeschreven.

Indien de schuldenaar geen verklaring heeft afgegeven, zal het dwangbevel een volledig uittreksel behelzen van het proces-verbaal bedoeld bij art. 41 van het Koninklijk Besluit van 22 Maart 1872 N°. 27 (G. B. N°. 8).

Ter bekoming van de executoir-verklaring of bij gebreke daarvan het bij de vorige alinea bedoeld proces-verbaal, aan den Kantonregter te worden vertoond.

Art. 52.

Geene regten of salarissen hoegenaamd, welke ten bate der koloniale kas komen, zullen verschuldigd zijn of geheven worden ten opzigte van alle akten, schrifturen of andere stukken benoodigd en dienende in zaken of handelingen uit bepalingen van deze verordening voortvloeijende.

Hiervan zijn uitgezonderd alle akten en bescheiden, welke, niet uitgaande van den Administrateur van Financien, dienen in een geding voor den regter te voeren naar aanleiding van onderwerpen in deze verordening behandeld.

Art. 53.

Uit het immigratiefonds zullen worden betaald

de kosten in het belang der immigratie te Calcutta gemaakt, voor zoo ver er bij het inwerking treden dezer verordening geen aanvragers zijn, te wier laste zij komen; alsmede de premiën, uitgeloofd krachtens art. 1 van de verordening van 18 Februarij 1874 (G. B. 1875 N°. 2), wat betreft de arbeiders door particulieren aangevoerd, voor zooverre zij binnen drie of zes maanden na het in werking treden dezer verordening binnen de kolonie zijn aangekomen, en zulks naarmate zij aangevoerd zijn van plaatsen bewesten of beoosten de Kaap de Goede Hoop, en wat betreft de arbeiders door tusschenkomst van het Nederlandsch of Koloniaal Bestuur aangevoerd, voor zooverre zij vóór het in werking treden dezer verordening besteld zijn, onverschillig op welk tijdstip zij aankomen.

Het bedrag der uit te keeren premie zal gelijk staan aan dat, hetwelk de aanvoerder zou hebben ontvangen, indien de arbeiders alhier waren aangekomen vóór het in werking treden dezer verordening.

Op de bestellers van immigranten, die door tusschenkomst van het Gouvernement van het jaar 1876 af zijn aangevoerd, kunnen bij het in werking treden dezer verordening hare bepalingen, voor zooveel mogelijk, bij besluit van den Gouverneur, van toepassing worden verklaard.

Art. 54.

Deze verordening treedt in werking gelijktijdig met die, houdende wijziging van de verordening van 18 Februarij 1874 (G. B. N°. 2 van 1875), goedgekeurd bij de wet van 29 November 1874 (Staatsblad N°. 157, G. B. N°. 1 van 1875).

Gegeven te Paramaribo, den 21en Augustus 1878.

C. A. VAN SIJPESTEYN.

De Gouvernements-Secretaris,

J. RAMAER.

Uitgegeven den 1en Januarij 1880.

De Gouvernements-Secretaris,

J. RAMAER.

BIJLAGE A.

1883.   N°. 5.

GOUVERNEMENTSBLAD DER KOLONIE SURINAME.

VERORDENING

van den 28sten Februari 1883,

*houdende wijziging van de verordening betreffende
de oprichting van een immigratiefonds* [1]).

IN NAAM DES KONINGS!

DE GOUVERNEUR DER KOLONIE *SURINAME*,

In overweging genomen hebbende: dat het wenschelijk is om de verordening van den 21sten Augustus
1878 (G. B. 1880 N°. 3) *betreffende de oprichting
van een immigratiefonds* te wijzigen;

Heeft, den Raad van Bestuur gehoord, na verkregen goedkeuring der Koloniale Staten,

En gelet op het tweede lid van art. 50 van het
Regeeringsreglement dezer kolonie,

vastgesteld onderstaande verordening:

Artikel 1.

In alinea *d* van art. 5 worden tusschen „40" en
„door" gevoegd de woorden: „en de premiën ingevolge art. 48 aan het fonds".

Aan alinea *j* van art. 5 worden de woorden
toegevoegd:

„en alle toevallige baten, die aan het fonds toekomen."

In de eerste alinea van art. 6 wordt in plaats
van de woorden:

„binnen drie maanden" gelezen de woorden:

---

1) Deze verordening wordt telken jare op het volgend verschepingsseizoen toepasselijk verklaard, laatstelijk bij de verordening van 8 Februari 1898 G. B. N°. 4 op het verschepingsseizoen 1898/1899.

„binnen den door den Gouverneur te bepalen
termijn van minstens drie maanden".

De tweede alinea van art. 8 wordt gelezen als
volgt:

„De aanvrage moet zijn gedagteekend en onder-
„teekend door den aanvrager of diens gemachtigde,
„alsmede, indien de aanvrager niet de eigenaar van
„de onroerende goederen is, die tot zekerheid wor-
„den aangeboden, door den eigenaar of diens ge-
„machtigde. Zij moet, behalve de voornamen, namen
„en woonplaatsen der onderteekenaren, inhouden
„keuze van woonplaats te Paramaribo voor alle
„gevolgen der aanvrage, welke keuze ook van kracht
„blijft voor de erven of rechtverkrijgenden der
„onderteekenaren."

Aan het slot van art. 9 worden toegevoegd de
woorden:

„alsmede beleggingen in de Koloniale Spaarbank".

Art. 14 wordt gelezen als volgt:

„Zoodra de Beheerder van het fonds kennis van
„voornoemde beschikking zal hebben ontvangen,
„gaat hij over ten aanzien van hen, die ingevolge
„artikel 8 *zekerheid* hebben aangeboden, tot het
„nemen der zekerheid voor het bedrag, dat ver-
„schuldigd zal zijn bij de toewijzing van het getal
„arbeiders, voor wie de aanvraag is toegelaten.

„Van hen, die volgens dat artikel *consignatie* van
„dat bedrag hebben aangeboden, vordert hij deze,
„zoodra hij kennis heeft bekomen, dat de arbeiders
„zijn of zullen worden afgescheept.

„Alle kosten, welke vallen mochten op het stel-
„len der zekerheid, komeu ten laste der aanvragers".

In de eerste alinea van art. 15 worden de woorden „en geldleeningen" veranderd in:

„geldleeningen en beleggingen in de Koloniale
„Spaarbank".

In de vierde alinea achter het woord: „aangenomen" in den derden regel, worden gevoegd de
woorden:

„en beleggingen in de Koloniale Spaarbank".

De eerste alinea van art. 20 wordt gelezen als
volgt:

„Om de inschrijving te doen geschieden, stelt de
„Administrateur van financien aan den bewaarder
„der hypotheken ter hand twee door hem, door

„den aanvrager of diens gemachtigde, alsmede, indien
„de aanvrager niet de eigenaar van de bezwaard
„wordende goederen is, door den eigenaar of diens
„gemachtigde onderteekende eensluidende borde-
„rellen".

Art. 26 wordt gelezen als volgt:

„Nadat de termijn bedoeld in de derde alinea
„van art. 13 is verstreken, wordt van wege den
„Gouverneur door den agent-generaal de werving
„en afscheping der arbeiders aan de agenten ter
„plaatse van inscheping opgedragen en tegelijker
„tijd daarvan kennis gegeven aan den beheerder
„van het fonds.

„Van den dag der afscheping doet hij zoo spoe-
„dig mogelijk mededeeling aan dien beheerder.

„De afscheping zal zoo veel mogelijk bij volle
„transporten geschieden".

De laatste zinsnede van de eerste alinea van
art. 29 luidt:

„Voor die arbeiders zal, zoowel door hen die
„gelden hebben geconsigneerd als door hen die
„zekerheid hebben gesteld, aan het fonds in eens
„worden betaald het ingevolge art. 7 vastgestelde
„bedrag, maar naar reden van hunnen na het her-
„stel nog overigen diensttijd".

Eene nieuwe tweede en derde alinea wordt opgenomen, luidende:

„De in dit artikel bedoelde herstelde arbeiders
„worden na hunne toedeeling niet aan den huurder
„overgegeven alvorens deze aan den agent-gene-
„raal een bewijs van den beheerder van het immi-
„gratiefonds heeft vertoond, dat het in de eerste
„alinea van dit artikel verschuldigd bedrag be-
„taald is.

„Indien de agent-generaal zulks verlangt, blij-
„ven die arbeiders inmiddels verpleegd in de inrich-
„ting waarin zij zich tijdens hunne tijdelijke onge-
„schiktheid bevonden, en zulks, overeenkomstig art.
„40 van voormeld Koninklijk Besluit, gedurende
„de eerste 48 uren na hun herstel voor rekening
„van het immigratiefonds en daarna voor rekening
„van den huurder".

De oorspronkelijke tweede en derde alinea's
worden vierde en vijfde alinea's.

In de eerste alinea van art. 33 wordt het woord:

„de" in den eersten regel veranderd in „elke" en
worden tusschen de woorden: „vermeldende" en
„het getal" opgenomen de woorden:
  „den naam van de aanvragers en van de plantages".
De tweede alinea luidt:
  „Onmiddellijk daarna wordt door den aanvrager,
„die bij de aanvraag heeft aangenomen het geheele
„door hem verschuldigd bedrag te betalen, dat ge-
„heele volgens dien gemelden staat verschuldigd
„bedrag betaald, waarbij de geconsigneerde gelden
„kunnen worden verrekend. Door den aanvrager
„die blijvende zekerheid heeft gesteld, wordt min-
„stens een vijfde van dat bedrag betaald, onver-
„minderd het bepaalde in art. 29."
De derde alinea luidt:
  „Indien de aanvrager, die aangenomen heeft het
„geheel te betalen, dat geheel niet betaalt en indien
„de aanvrager, die blijvende zekerheid heeft gesteld,
„dat een vijfde niet betaalt, worden de arbeiders
„niet aan hen overgegeven, doch loopen niettemin
„de interesten over het geheele door hen aan het
„immigratiefonds verschuldigd bedrag van rechts-
„wege van af den dag der toewijzing en blijft de
„bepaling van art. 40 van het Koninklijk Besluit
„van 22 Maart 1872 N°. 27 (G. B. N°. 8) van
„toepassing".
De vierde alinea luidt:
  „Tot bewijs van hetgeen de aanvrager die blij-
„vende zekerheid heeft gesteld, schuldig blijft, wordt
„door den beheerder van het fonds eene verkla-
„ring in duplo opgemaakt, bevattende het bedrag
„van de saldo-schuld."
De vijfde alinea luidt:
  „Deze verklaring wordt door dien hoofdambte-
„naar en den aanvrager of diens gemachtigde in
„tegenwoordigheid van den kantonrechter te Para-
„maribo geteekend, en aan elk der partijen wordt
„een exemplaar dier verklaring afgegeven".
In art. 48 wordt eene laatste alinea opgenomen,
luidende:
  „De huurder zal aan het immigratiefonds beta-
„len eene som gelijkstaande aan het bedrag dier
„premie. Op de wijze van betaling in art. 45 van
„toepassing."
In de derde alinea van art. 51 worden de woorden:

„het proces-verbaal bedoeld bij art. 41 van het „Koninklijk Besluit van 22 Maart 1872 N°. 27 „(G. B. N°. 8) vervangen door de woorden:
„den staat van toebedeelde arbeiders bedoeld in „de eerste alinea van art. 33".

In de vierde alinea worden de woorden: „het „bij de vorige alinea bedoeld proces-verbaal" vervangen door de woorden:
„de bij de vorige alinea bedoelde staat".

Art. 2.

Deze verordening treedt in werking met den dag harer afkondiging en is alleen van toepassing op de over het verschepingsseizoen 1883/1884 gedane bestellingen, hare uitvoering ter plaatse van inscheping, de toewijzing en toedeeling der arbeiders en de daaruit tegenover het immigratiefonds voortvloeiende verplichtingen der aanvragers.

Gegeven te Paramaribo, den 28sten Februari 1883.

J. H. A. W. VAN HEERDT.

De Gouvernements-Secretaris,

J. RAMAER.

Uitgegeven den 28sten Februari 1883.

De Gouvernements-Secretaris,

J. RAMAER.

BIJLAGE B.
1880. N°. 25.
GOUVERNEMENTSBLAD DER KOLONIE SURINAME.

BESLUIT

van den 8sten October 1880,

ter uitvoering van art. 48 der verordening van den 21sten Augustus 1878 (G. B. 1880 N°. 3) betreffende de oprigting van een immigratiefonds.

IN NAAM DES KONINGS!

DE GOUVERNEUR VAN SURINAME,

Overwegende, dat ter uitvoering van artikel 48 der verordening van den 21en Augustus 1878 (G. B. 1880 N°. 3) betreffende de oprigting van een immigratiefonds het noodig is, het navolgende vast te stellen;

Heeft, den Raad van Bestuur gehoord, besloten:

Artikel 1.

Op den aanvoer door particulieren van vrije arbeiders als immigranten in Suriname worden de navolgende premien toegekend:

1°. Uit Barbados en de Nederlandsche West-Indische eilanden.

Voor een man en vrouw (gehuwd paar niet ouder dan 40 jaar) . . . . . . *f* 80.—
Voor een man van 15 tot 40 jaren oud. „ 40.—
Voor eene vrouw als boven. . . . „ 34.—
Voor een kind van 10 tot 14-jarigen leeftijd . . . . „ 18.—
Voor een kind van 5 tot 9-jarigen leeftijd . . . . „ 10.—

2°. Uit het overige gedeelte van West-Indië en Zuid-Amerika.

Voor een man en vrouw (gehuwd paar niet ouder dan 40 jaar) . . . . . . *f* 50.—
Voor een man van 15 tot 40 jaren oud. „ 25.—

Voor eene vrouw als boven. . . . *f* 20.—
Voor een kind van 10 tot 14-jarigen
leeftijd . . . . „ 12.—
Voor een kind van 5 tot 9-jarigen
leeftijd . . . . „ 7.—

3°. Uit Madera, de Azorische en Canarische eilanden.

Voor een man en vrouw (gehuwd paar niet
ouder dan 40 jaar) . . . . . . *f* 60.—
Voor een man van 15 tot 40 jaren oud. „ 30.—
Voor eene vrouw als boven. . . . „ 25.—
Voor een kind van 10 tot 14-jarigen
leeftijd . . . . „ 15.—
Voor een kind van 5 tot 9-jarigen
leeftijd . . . . „ 10.—

4°. Uit Noord-Amerika en de Kaapverdische eilanden.

Voor een man en vrouw (gehuwd paar niet
ouder dan 40 jaar . . . . . . *f* 80.—
Voor een man van 15 tot 40 jaren oud. „ 40.—
Voor eene vrouw als boven. . . . „ 85.—
Voor een kind van 10 tot 14-jarigen
leeftijd . . . . „ 20.—
Voor een kind van 5 tot 9-jarigen
leeftijd . . . . „ 15.—

5°. Uit China.

Voor een man en vrouw (gehuwd paar niet
ouder dan 40 jaar) . . . . . *f* 350.—
Voor een man van 15 tot 40 jaren oud. „ 175.—
Voor eene vrouw als boven . . . „ 150.—
Voor een kind van 10 tot 14-jarigen
leeftijd . . . . „ 90.—
Voor een kind van 5 tot 9-jarigen
leeftijd . . . . „ 60.—

Wanneer de aanvoer van immigranten uit China
in zijn geheel per stoomschip plaats heeft, worden
de premiën op dien aanvoer met een vierde verhooging toegekend.

Art. 2.

Om aanspraak te hebben op de volle premie
moeten de immigranten van 15-jarigen leeftijd en
ouder zich hebben verbonden, of onmiddellijk na
aankomst in de kolonie ten overstaan en ten ge-

noegen van den agent-generaal of van den districts-
commissaris van Nickerie zich verbinden voor den
veld- of fabriekarbeid op eene plantage of eenen
grond, die uit China voor minstens 5 jaren, en die
uit de overige landen voor minstens 3 jaren.

Ingeval de sub. 1 van art. 1 genoemde immigranten van 15-jarigen leeftijd en ouder, een contract tot het verrigten van veld- of fabriekarbeid
op eene plantage of eenen grond hebben aangegaan
voor twee jaren, zal respectivelijk *f* 50.—, *f* 25.—,
f 21.—, *f* 11.— en *f* 7.— en voor één jaar, respectivelijk *f* 24.—, *f* 12.—, *f* 10.—, *f* 5.—, en *f* 3.—
voor premie worden toegekend; terwijl voor de sub.
2°, 3°. en 4°. van art. 1 genoemde immigranten, die
een contract tot het verrigten van veld- of fabriek-
arbeid op eene grond hebben aangegaan, voor twee jaren *twee derden* en voor
een jaar *een derde* der volle premie zal worden
toegekend. Voor hunne kinderen wordt de premie
naar dezelfde verhouding berekend.

Om op de uitkeering der premie aanspraak te
kunnen maken moeten de immigranten gezond en
de mannen voor den veld- of fabriekarbeid in
Suriname geschikt zijn, en de kinderen behooren
tot een alhier aangevoerd gezin. Voorts moet voldaan zijn aan de bepalingen der verordening betreffende de immigratie.

Voor immigranten ouder dan 40 jaren, zal de pre
mie worden toegekend, alleen in het geval dat zij
tot een alhier aangevoerd gezin behooren.

Art. 3.

De in de vorige artikelen bedoelde immigranten,
die na afloop van hunne oorspronkelijke contracten, tot het aangaan van nieuwe contracten worden toegelaten, moeten gezond en geschikt zijn
voor den veld- of fabriek-arbeid in Suriname.

De duur dezer contracten mag niet korter zijn
dan één jaar en niet langer dan vijf jaren.

De premie, welke den immigrant onmiddellijk
na het sluiten van het nieuwe contract moet worden uitbetaald, zal bedragen *f* 20.— voor een man
en *f* 15.— voor eene vrouw boven de vijftien jaren,
voor elk contractjaar.

Art. 4.

Voor den aanvoer van arbeiders *zonder contract*, gezond en geschikt voor veld- of fabriekarbeid op plantages en gronden in Suriname, zullen naar de onderscheiding voor den leeftijd en de geslachten in de vorige artikelen gemaakt, premiën worden toegekend ten bedrage van *een derde* gedeelte van de in art. 1 voor elken landaard afzonderlijk bepaalde sommen.

Voor den aanvoer van gezinnen uit Nederland, die aldaar het *landbouwersbedrijf* hebben uitgeoefend, van getuigschriften van goed gedrag voorzien en gezond en geschikt zijn om zich als veld- en fabriekarbeiders, of landbouwers in Suriname te vestigen, kunnen de volgende premiën worden toegekend:

Voor een man en vrouw (gehuwd paar niet ouder dan 40 jaar). . . . . . *f* 150.—
Voor een man van 15 tot 40 jaren oud. „ 75.—
Voor eene vrouw als boven . . . „ 60.—
Voor een kind van 10 tot 14-jarigen leeftijd . . . . „ 50.—
Voor een kind van 5 tot 9-jarigen leeftijd . . . . „ 40.—

De premie wordt niet uitbetaald:

1°. als de aangevoerde personen het landbouwersbedrijf vroeger niet hebben uitgeoefend;

2°. als zij niet gezond en geschikt voor den veld- of fabriekarbeid zijn;

3°. als zij niet kunnen overleggen voldoende getuigschriften van goed gedrag afgegeven of geviseerd door het hoofd der gemeente waarin zij het laatst gewoond hebben;

4°. indien bij hunne aankomst in de kolonie blijkt, dat te hunnen aanzien niet is voldaan aan de bestaande bepalingen op den aanvoer van vrije arbeiders in Suriname.

Voorts zal degene, die de bovenbedoelde arbeiders aanvoert, ten genoegen van het koloniaal bestuur voldoende zekerheid moeten stellen voor hunnen terugvoer, wanneer zij niet mogten voldoen aan de gestelde vereischten.

11

Art. 5.

Wanneer voldaan is aan de bepalingen der verordening betreffende de immigratie, wordt op eene
declaratie, gewaarmerkt door den agent-generaal,
of voor zooverre de aanvoer in Nickerie heeft plaats
gevonden, door den districts-commissaris aldaar,
aan den aanvoerder het bedrag der premiën bedoeld bij de artt. 1, 2 en 4 uit het immigratiefonds voldaan.

De premiën bedoeld bij art. 3 worden door den
agent-generaal of den districts-commissaris van
Nickerie aan den immigrant uitbetaald en op het
immigratiefonds bij declaratie verhaald.

Art. 6.

Dit besluit vervangt het besluit van den 30sten
Januari 1880 (G. B. N°. 7) en treedt in werking
op den dag zijner afkondiging.

Gedaan te Paramaribo, den 8sten October 1880.

C. A. VAN SYPESTEYN.

De Gouvernements-Secretaris,

J. RAMAER.

Uitgegeven, den 8sten October 1880.

De Gouvernements-Secretaris,

J. RAMAER.

BIJLAGE C.

1880. N°. 27,

GOUVERNEMENTSBLAD DER KOLONIE SURINAME

BESLUIT

van den 1sten November 1880,

ter uitvoering van de 2e alinea van artikel 2 der verordening van 21 Augustus 1878 betreffende de oprigting van een immigratiefonds (G. B. 1880 N°. 3).

IN NAAM DES KONINGS!

DE GOUVERNEUR VAN *SURINAME*,

Overwegende, dat ter uitvoering van de 2e alinea van artikel 2 der verordening van 21 Augustus 1878 betreffende de oprigting van een immigratiefonds (G. B. 1880 N°. 3), het noodig is, het navolgende vast te stellen;

Heeft, den Raad van Bestuur gehoord, besloten:

Eenig artikel.

De ontvangst en de uitbetaling van alle gelden buiten de kolonie, betrekking hebbende op de immigratie van vrije arbeiders in de kolonie Suriname, loopen uitsluitend over de Surinaamsche Bank, overeenkomstig een daaromtrent tusschen den Gouverneur en de Directie der Surinaamsche Bank te sluiten contract.

Gegeven te Paramaribo, den 1sten November 1880.

C. A. VAN SIJPESTEYN.

De Gouvernements-Secretaris,

J. RAMAER.

Uitgegeven den 1sten November 1880.

De Gouvernements-Secretaris,

J. RAMAER.

BIJLAGE D.

1889.   N°. 1O.

GOUVERNEMENTSBLAD DER KOLONIE SURINAME.

BESLUIT

van 3 April 1889,

ter uitvoering van art. 48 der verordening van den 21sten Augustus 1878 (G. B. 1880 N°. 3) betreffende de oprichting van een immigratiefonds.

IN NAAM DES KONINGS!

DE GOUVERNEUR VAN SURINAME,

Overwegende, dat ter uitvoering van art. 48 der verordening van den 21sten Augustus 1878 (G. B. 1880 N°. 3) betreffende de oprichting van een immigratiefonds, het noodig is, het navolgende vast te stellen;

Heeft, den Raad van Bestuur gehoord, besloten:

Artikel 1.

Op den aanvoer in Suriname door particulieren als eene proefneming van de eerste 100 vrije arbeiders, onder welk getal begrepen zijn de tot hunne gezinnen behoorende kinderen, als immigranten uit Java of Madura, worden de navolgende premiën toegekend:

Voor een man en vrouw, naar de wijze van hun land gehuwd en ieder niet ouder dan 40 jaren. *f* 520.—;

voor een man van 15 tot 40 jaren oud. „ 250.—;

voor eene vrouw als boven. . . . „ 230.—;

voor een kind van 10 tot beneden 15 jaren . . . . „ 140.—;

voor een kind van 5 tot beneden 10 jaren. . . . . „ 90.—.

Art. 2.

De voorwaarden om op deze premiën aanspraak te hebben zijn de navolgende:

1°. Dat aanvankelijk slechts een zestal arbeiders

onder een hoofdman of mandoer, zullen worden
uitgezonden om de kampong en woningen, zooveel
mogelijk naar de gewoonten en gebruiken der aan
te voeren immigranten ingericht, gereed te maken
en dat de overigen eerst zullen worden aangevoerd,
nadat die woningen gereed en door den agent-
generaal goedgekeurd zijn.

2°. Dat de immigranten zich moeten hebben verbonden of onmiddellijk na aankomst in de kolonie
ten overstaan en ten genoegen van den agent-
generaal zich verbinden voor den veld- of fabriekarbeid op de plantage, waarvoor zij zijn of worden
gehuurd voor, minstens vijf achtereenvolgende jaren.

3°. Dat de immigranten gezond en de mannen voor
den veld- of fabriekarbeid in Suriname geschikt
zijn en de kinderen behooren tot een alhier aangevoerd gezin.

4°. Dat voldaan moet zijn aan de bepalingen
der verordeningen betreffende de immigratie.

Art. 3.

Het bedrag der premiën wordt uitbetaald aan
den aanvoerder uit het immigratiefonds op eene
declaratie gewaarmerkt door den agent-generaal.

Art. 4.

Dit besluit treedt in werking op den dag zijner
afkondiging.

Gegeven te Paramaribo, den 3den April 1889.

DE SAVORNIN LOHMAN.

De Gouvernements-Secretaris,
WEYTINGH.
L. G. S.

Uitgegeven 4 April 1889.

De Gouvernements-Secretaris,
WEYTINGH.
L. G. S.

BIJLAGE E.

1897.   N°. 23.

GOUVERNEMENTSBLAD DER KOLONIE SURINAME.

VERORDENING

van 24 April 1897,

*waarbij het bedrag der interessen over het door den
huurder van arbeiders aan het Immigratiefonds verschuldigde wordt bepaald op 4½ ten honderd.*

IN NAAM DER KONINGIN!

DE GOUVERNEUR VAN *SURINAME*,

In overweging genomen hebbende: dat het wenschelijk is het bedrag der interessen over het door
den huurder van arbeiders aan het Immigratiefonds
verschuldigde op 4½ ten honderd te bepalen;
Heeft, den Raad van Bestuur gehoord, na verkregen goedkeuring der Koloniale Staten,
vastgesteld onderstaande verordening:

Artikel 1.

Van het tijdstip af waarop deze verordening in
werking treedt, wordt door den huurder van arbeiders over het door hem aan het Immigratiefonds
verschuldigde vier en een half ten honderd 's jaars
betaald in alle gevallen, waarin krachtens de verordening van 21 Augustus 1878 (G. B. 1880 N°. 3)
betreffende de oprichting van een Immigratiefonds,
zooals zij gewijzigd is of gewijzigd mocht worden,
zes ten honderd wordt betaald, met dien verstande dat de interessen tot dat tijdstip worden
berekend naar reden van zes ten honderd 's jaars,
ook indien de betaling dier interessen geschiedt na
dat tijdstip.

Art. 2.

Deze verordening treedt in werking met den dag harer afkondiging.

Gegeven te Paramaribo, den 24sten April 1897.

TONCKENS.

De wnd. Gouvernements-Secretaris,

C. F. SCHOCH.

Uitgegeven 1 Juli 1897.

De wd. Gouvernements-Secretaris,

C. F. SCHOCH.

1879.   N°. 9.

GOUVERNEMENTSBLAD DER KOLONIE SURINAME.

VERORDENING

van den 21sten Januari 1879,

ter invoering van eene belasting ter tegemoetkoming in de kosten voor de geneeskundige behandeling van de immigranten en hunne gezinnen op de plantages en gronden.

IN NAAM DES KONINGS!

DE GOUVERNEUR VAN *SURINAME*,

In overweging genomen hebbende: dat met het oog op de verordening *waarbij nader worden geregeld de geneeskundige behandeling en verpleging op de plantages en gronden*, bepalingen noodig zijn, op grond waarvan wordt geheven de belasting ter tegemoetkoming in de kosten voor de geneeskundige behandeling en verpleging van de immigranten en hunne gezinnen op de plantages en gronden;

Heeft, den Raad van Bestuur gehoord, na verkregen goedkeuring der Koloniale Staten,

vastgesteld onderstaande verordening:

Artikel 1 [1]).

De belasting is verschuldigd door de huurders voor al de onder contract verbonden immigranten tot de plantage of grond behoorende, behoudens de uitzondering vermeld in de tweede alinea van art. 2.

Deze belasting bedraagt f 8.— 's jaars voor iederen immigrant van 15 jaar en daarboven en f 4.— 's jaars voor iederen immigrant beneden den leeftijd van 15 jaar.

---

1) Artikel 1 werd gewijzigd bij de verordening van 15 December 1880 G. B. N°. 38.

Artikel 2 [1]).

Vóór den eersten Maart van elk jaar zendt de agent-generaal aan den administrateur van financiën eene lijst, inhoudende, voor elke plantage of grond afzonderlijk, den naam en de voornamen van den huurder, het aantal immigranten van 15 jaar en daarboven en het aantal immigranten beneden den leeftijd van 15 jaar, op den eersten September te voren tot de plantage of den grond behoorende.

Op die lijst worden niet gebragt:

a. de immigranten, die gedurende het geheele vorige jaar dwangarbeid of gevangenisstraf hebben ondergaan;

b. de immigranten, die in den loop van het vorige jaar van een der bij § a genoemde straffen zijn ontslagen, na haar gedurende twaalf achtereenvolgende maanden te hebben ondergaan;

c. de immigranten, die voor langer dan een jaar tot een der bij § a genoemde straffen veroordeeld zijn, na haar telkens gedurende een termijn van minstens twaalf achtereenvolgende maanden te hebben ondergaan;

d. de tot de plantage of den grond behoorende immigranten, indien en voor zoover daardoor de belasting voor die immigranten geheven zoude worden over een grooter aantal jaren dan dat waarvoor de overeenkomsten met de immigranten zijn aangegaan.

Gedeelten van contractjaren worden voor de toepassing van deze bepaling voor volle jaren gerekend.

Art. 3.

Die lijst wordt jaarlijks op last van den administrateur van financien, uiterlijk op den achtsten Maart, gedurende veertien dagen, zon- en feestdagen uitgezonderd, van des voormiddags negen tot des namiddags één uur ter administratie van financiën ter visie gelegd.

[1]) Artikel 2 werd gewijzigd bij de verordeningen van 15 December 1880 G. B. N°. 38 en 17 December 1894 G. B. N°. 40.

Van den dag der ter visie legging wordt in het Gouvernements-advertentie-blad aankondiging gedaan.

Ieder op de lijst voorkomende huurder heeft het regt uiterlijk drie dagen na het verstrijken van den voormelden termijn van veertien dagen tegen de lijst, voor zooveel hem betreft, op te komen bij request, vrij van zegel en alle andere heffingen bij den Gouverneur in te dienen.

De Gouverneur beschikt over de bezwaarschriften en verklaart de lijst executoir.

Art. 4.

De administrateur van financiën zendt een afschrift van die lijst aan den kolonialen ontvanger en betaalmeester te Paramaribo en een extract daarvan aan den ontvanger in Nickerie voor zooveel zij hem aangaat.

Vanwege de administratie van financiën worden aanslagbilletten aan elken huurder van immigranten uitgereikt, des verkiezende door tusschenkomst van de districts-commissarissen en den ontvanger in Nickerie.

Art. 5.

De belasting wordt vóór den eersten Julij van elk jaar tegen quitantie betaald, te Paramaribo ten kantore van den kolonialen ontvanger en betaalmeester.

Voor het district Nickerie kan de betaling geschieden naar verkiezing bij den ontvanger te Paramaribo of in Nickerie.

Art. 6.

Deze verordening treedt in werking gelijktijdig met die, waarbij nader worden geregeld de geneeskundige behandeling en verpleging op de plantages en gronden.

Gegeven te Paramaribo, den 21sten Januari 1879.

C. A. VAN SYPESTEYN.

De Gouvernements-Secretaris,

J. RAMAER.

Uitgegeven den 30sten April 1879.
De Gouvernements-Secretaris,

J. RAMAER.

1880. N°. 4.

GOUVERNEMENTSBLAD DER KOLONIE SURINAME.

VERORDENING

van den 21sten Augustus 1878,

tot invoering van een hoofdgeld voor onder contract verbonden immigranten.

IM NAAM DES KONINGS!

DE GOUVERNEUR VAN SURINAME,

In overweging genomen hebbende: dat het noodzakelijk is ten bate van het immigratiefonds een hoofdgeld in te voeren, te betalen door de huurders voor alle onder contract verbonden immigranten,

Heeft, den Raad van Bestuur gehoord, na verkregen goedkeuring der Koloniale Staten, vastgesteld onderstaande verordening:

Artikel 1 [1]).

Ten bate van het immigratiefonds is door de huurders een hoofdgeld verschuldigd voor al de onder contract verbonden immigranten van 15 jaren en daarboven, die tot de plantage behooren, behoudens de uitzondering vermeld in de tweede alinea van art. 2.

Het hoofdgeld bedraagt f 5 's jaars voor iederen mannelijken en f 2.50 voor iedere vrouwelijke immigrant.

Art. 2 [2]).

Vóór den eersten Maart zendt de agent-generaal aan den administrateur van financiën eene lijst inhoudende, voor elke plantage afzonderlijk, den naam en de voornamen van den huurder en het

---

1) Artikel 1 werd gewijzigd bij de verordeningen van 15 December 1880 G. B. N°. 37.
2) Artikel 2 werd gewijzigd bij de verordeningen van 15 Dec. 1880 G. B. N°. 37 en 17 December 1894. G. B. N°. 40.

aantal mannelijke en vrouwelijke immigranten van
ieder geslacht afzonderlijk, op den eersten September te voren tot de plantage behoorende.

Op die lijst worden niet gebracht:

a. de immigranten, die gedurende het geheele
vorige jaar dwangarbeid of gevangenisstraf hebben
ondergaan;

b. de immigranten, die in den loop van het vorige
jaar van een der bij § *a* genoemde straffen zijn
ontslagen, na haar gedurende twaalf achtereenvolgende maanden te hebben ondergaan;

c. de immigranten, die voor langer dan een jaar
tot een der bij § *a* genoemde straffen veroordeeld
zijn, na haar telkens gedurende een termijn van
minstens twaalf achtereenvolgende maanden te
hebben ondergaan;

d. de tot de plantage behoorende immigranten,
indien en voor zoover daardoor het hoofdgeld voor
die immigranten geheven zoude worden over een
grooter aantal jaren dan dat waarvoor de overeenkomsten met de immigranten zijn aangegaan. Gedeelten van contractjaren worden voor de toepassing van deze bepaling voor volle jaren gerekend.

Art. 3.

Jaarlijks wordt op last van den administrateur
van financiën uiterlijk op den 8sten Maart de voor-
melde lijst van den agent-generaal gedurende veertien dagen, zon- en feestdagen uitgezonderd, van
des voormiddags 9 tot des namiddags 1 uur, ten
kantore van den kassier-boekhouder van het immigratiefonds ter visie gelegd.

Van den dag der ter visie legging wordt in het Gouvernements-advertentie-blad aankondiging gedaan.

Ieder op die lijst voorkomende huurder heeft
het regt uiterlijk drie dagen nà de verschijning
van den in de vorige alinea vermelden termijn van
veertien dagen, tegen de lijst, voor zooveel hem
betreft, op te komen bij request vrij van zegel en
van alle andere heffingen bij den Gouverneur in
te dienen.

De Gouverneur beschikt over de bezwaarschriften en verklaart de lijst executoir.

Art. 4.

De administrateur van financien zendt een afschrift van die lijst aan den kassier-boekhouder van het immigratiefonds.

Van wege den administrateur van financiën worden aanslagbilletten aan elken huurder van immigranten uitgereikt, des verkiezende door tusschenkomst van de districts-commissarissen en den ontvanger in Nickerie.

Art. 5.

Het hoofdgeld wordt vóór den eersten Julij van elk jaar tegen quitantie betaald ten kantore van den kassier-boekhouder van het immigratiefonds.

Art. 6.

Op de invordering van dit hoofdgeld zijn de bepalingen op de regtspleging in zake van belastingen in de kolonie Suriname, vastgesteld bij Koninklijk Besluit van 3 April 1869 N°. 23 (G. B. 1869 N°. 24) van toepassing, behoudens dat het bij art. 6 van dat Besluit bedoelde regt van voorrang aan het immigratiefonds wordt toegekend, en dat als ontvanger van het hoofdgeld wordt aangewezen de administrateur van financiën.

Art. 7.

Deze verordening treedt in werking gelijktijdig met de verordening betreffende de oprigting van een immigratiefonds.

Gegeven te Paramaribo, den 21sten Augustus 1878.

C. A. VAN SYPESTEYN.

De Gouvernements-Secretaris,

J. RAMAER.

Uitgegeven den 1sten Januari 1880.

De Gouvernements-Secretaris,

J. RAMAER.

1886.   N°. 3.

GOUVERNEMENTSBLAD DER KOLONIE SURINAME.

VERORDENING

van 9 Februari 1886,

op de heffing en invordering der personeele belasting.

IN NAAM DES KONINGS!

DE GOUVERNEUR VAN *SURINAME*,

In overweging genomen hebbende, dat er noodzakelijkheid bestaat om de belasting op het personeel, welke geheven wordt ingevolge de Verordening van den 3den Februari 1874 (G. B. N°. 3),
te vervangen door eene personeele belasting;

Heeft, den Raad van Bestuur gehoord, na verkregen goedkeuring der Koloniale Staten,

En gelet op het tweede lid van art. 50 van het
Regeringsreglement dezer Kolonie,

vastgesteld onderstaande verordening:

Artikel 1.

Onder den naam van personeele belasting, wordt
eene belasting geheven naar den grondslag en den
maatstaf in art. 4 aangewezen.

Art. 3 [1]).

Van de belasting zijn vrijgesteld:

a. immigranten, gedurende den duur hunner
werkovereenkomsten en na afloop daarvan nog gedurende den tijd dat zij op terugvoer moeten wachten;

e. zij wier inkomsten minder dan *f* 600.—
jaarlijks bedragen.

---

1) Artikel 3 werd gewijzigd bij de verordening van 12
October 1898 G. B. 1899 N°. 12.

1890.   N°. 35.

GOUVERNEMENTSBLAD DER KOLONIE SURINAME.

VERORDENING

van 9 October 1890,

houdende bepalingen betreffende de op plantages en gronden werkende en gevestigde Britsch-Indische immigranten, die hunne werkovereenkomsten vervuld hebben.

IN NAAM DES KONINGS!

DE GOUVERNEUR VAN *SURINAME*,

In overweging genomen hebbende: dat het noodig is bepalingen te maken betreffende de op plantages en gronden werkende en gevestigde Britsch-Indische immigranten, die hunne werkovereenkomsten vervuld hebben;

Heeft, den Raad van Bestuur gehoord, na verkregen goedkeuring der Koloniale Staten,

vastgesteld onderstaande verordening:

Artikel 1.

De voorschriften betreffende het kosteloos voorzien van den Britsch-Indischen immigrant en zijn gezin, gedurende den loop zijner overeenkomst, van huisvesting, van het benoodigde drinkwater en van voldoende geneeskundige behandeling en verpleging, vervat in art. 56 van het Koninklijk Besluit van 22 Maart 1872 N°. 27 (G. B. 1872 N°. 8) en in het eerste en het laatste lid van art. 5 der verordening van 21 Januari 1879 (G. B. N°. 8), zijn van toepassing op hem die op plantages en gronden in dienst heeft Britsch-Indische immigranten, die hunne werkovereenkomst vervuld hebben, in zoover deze immigranten op bedoelde plantages en gronden wonen.

De verplichting tot het verschaffen van huisvesting, drinkwater en geneeskundige behandeling en verpleging, als bedoeld in het 1e lid, vangt aan en eindigt met de vestiging; met dien verstande evenwel dat ingeval van ziekte van den immigrant of van de leden van zijn gezin de werkgever niet gehouden is, gedurende langer dan 6 weken, te rekenen van den eersten dag der ziekte, op zijne kosten te voorzien in bedoelde geneeskundige behandeling en verpleging. Van deze verplichting wordt de werkgever niet ontslagen door tijdens de ziekte van den immigrant of van de leden van zijn gezin den dienst op te zeggen.

Op immigranten die het recht op vrijen terugvoer hebben verloren is het eerste lid van dit artikel niet van toepassing.

Art. 2.

Immigranten in het eerste lid van art. 1 bedoeld, die aan yaws (frambosia) lijden, zullen zoo spoedig mogelijk door de zorg van den werkgever naar het militair hospitaal worden opgezonden, tenzij zich op korter afstand van de betrokken plantage of den grond bevindt eene tot opname van die lijders bestemde inrichting, in welk geval de opzending naar deze inrichting zal plaats hebben.

De verpleging der vorenbedoelde lijders in het militair hospitaal en in bedoelde inrichting geschiedt voor rekening der kolonie.

Art. 3.

De agent-generaal heeft het recht alle plantages en gronden, waar immigranten, die hunne werkovereenkomsten vervuld hebben, werken, te bezoeken en naar den toestand hunner woningen, der ziekenverpleging en hunne behandeling in het algemeen onderzoek te doen op gelijke wijze als voor onder contract verbonden immigranten voorgeschreven is.

Weigering als omschreven in art. 26 der Herziene Strafverordening van 1874 aan den agent-generaal op plantages of gronden, waar immigranten werken, die hunne werkovereenkomst vervuld hebben, is strafbaar als bij gemeld artikel is bepaald.

Art. 8 der verordening van 21 Januari 1879 (G. B. N°. 8) is toepasselijk op de arbeiders in deze verordening bedoeld.

Art. 4.

Niet onder contract verbonden immigranten, die te Paramaribo wonen en niet gevestigd zijn als winkeliers, goudsmeden of in andere voldoende winstgevende neringen of beroepen, zullen, zoolang zij hun recht op vrijen terugvoer behouden, ingeval van ziekte op last van den agent-generaal in het militair hospitaal verpleegd worden.

Art. 5.

Behoeftige immigranten, die niet onder contract zijn verbonden en niet in staat zijn door arbeid in hun gewoon onderhoud te voorzien, zullen, tot aan hunne terugzending naar Indië, worden verpleegd op kosten der kolonie.

Art. 6.

Met geldboete van f 25 tot f 500 wordt gestraft de werkgever, die niet voldoet aan de hem bij art. 1 of bij art. 2 opgelegde verplichtingen.

Art. 7.

Overtreding van de bepalingen dezer verordening wordt vervolgd en berecht overeenkomstig de voorschriften der Herziene Strafverordening van 1874.

Art. 8.

Deze verordening treedt in werking met den dag harer afkondiging.

Gegeven te Paramaribo, den 9den October 1890.

DE SAVORNIN LOHMAN.

De Gouvernements-Secretaris,
W. TONCKENS J.LZ.

Uitgegeven 31 December 1890.
De Gouvernements-Secretaris,
W. TONCKENS J.LZ.

1893.   N°. 28.

GOUVERNEMENTSBLAD DER KOLONIE SURINAME.

RESOLUTIE

van 22 November 1893 Litt°. A N°. 8330,

omtrent de plaatsing in het Gouvernementsblad van den thans geldenden tekst van de Herziene Strafverordening van 1874.

DE GOUVERNEUR VAN *SURINAME*,

Overwegende dat de Herziene Strafverordening van 1874 vastgesteld bij Verordening van 20 December 1878 (G. B. 1879 N°. 12), verschillende wijzigingen heeft ondergaan, als bij de Verordeningen van 8 September 1885 (G. B. N°. 11), 9 Februari 1886 (G. B. N°. 3), 10 Mei 1887 (G. B. N°. 19), 19 November 1890 (G. B. N°. 26), 26 October 1892 (G. B. N°. 48) en 30 December 1892 (G. B. 1893 N°. 1);

dat de raadpleging daarvan hierdoor wordt bemoeilijkt, en bovendien het noodig aantal exemplaren van die verordening niet beschikbaar is, waarom het wenschelijk is den geldenden tekst dier verordening in één geheel samen te vatten en dit in het Gouvernementsblad te doen opnemen;

BESLUIT:

1°. Te bepalen dat de *Herziene Strafverordening van 1874,* zooals zij luidt na de daarin aangebrachte wijzigingen en bijvoegingen, nevens extract van deze Resolutie, in haar geheel in het Gouvernementsblad zal worden geplaatst.

2°. enz.

Paramaribo, 22 November 1893.

T. A. J. VAN ASCH VAN WIJCK.

Uitgegeven 22 November 1893.

De Gouvernements-Secretaris,

TONCKENS.

VERORDENING

van 20 December 1878,

bevattende „eene wijziging der regterlijke inrig-
„ting der kantongeregten en regelende de bereg-
„ting van strafzaken door de kanton- en omme-
„gaande regters en daarmede in verband staande
„voorzieningen".
gelijk zij luidt na de daarin aangebrachte wijzigingen en bijvoegingen bij verordeningen van 8
September 1885 (G. B. N°. 11), 9 Februari 1886
(G. B. N°. 3), 10 Mei 1887 (G. B. N°. 19), 19
November 1890 (G. B. N°. 26), 26 October 1892
(G. B. N°. 48) en 30 December 1892 (G. B. 1898
N°. 1).

HOOFDSTUK III.

5e AFDEELING.

Bepalingen ten opzigte van huurders van immigranten, gezagvoerders en regten en verpligtingen
van huurders en gehuurden.

Art. 139.

De huurder van immigranten of de gezagvoerder
of hij die hem als zoodanig vervangt, die niet voldoet aan de voorwaarden door dezen bij overeenkomst bedongen of aan de wettelijk hem opgelegde
verpligtingen, wordt, bijaldien op de overtreding
geen andere straf is gesteld, gestraft met eene
geldboete van vijf en twintig tot vijf honderd gulden, onverminderd de schadeloosstelling door den
regter toe te kennen, zoo daartoe termen bestaan.

Art. 140.

De gezagvoerder van eene plantage of grond of
hij die hem als zoodanig vervangt, die verzuimt
de aangiften te doen bedoeld bij art. 60 der Publi-

catie van 1872 G. B. N°. 8, of te voldoen aan de voorschriften van art. 61 dier verordening met betrekking tot de monsterrol, wordt gestraft met geldboete van tien tot honderd gulden.

Art. 141.

Ieder immigrant, die bij de oproeping bedoeld in art. 61 der Publicatie van 1872 G. B. N°. 8, niet tegenwoordig is, wordt gestraft met eene geldboete van vijftig cents tot tien gulden, tenzij hij door wettige redenen verhinderd is.

Art. 142.

De gezagvoerder of hij die hem als zoodanig vervangt, die binnen de grenzen van dezelfde verordening den door een immigrant verlangden pas weigert, wordt gestraft met eene geldboete van tien tot honderd gulden.

Art. 143.

Ieder immigrant en elk ander op eene plantage of grond zich als arbeider bevindend persoon, die zijne identiteit verbergt of weigert daaromtrent de inlichtingen te geven, welke de agent-generaal, de districts-commissaris, de commissaris van politie of een beambte der politie van hem vordert, wordt gestraft met eene geldboete van één tot vijf en twintig gulden en gevangenisstraf, met of zonder gedwongen tewerkstelling, van één tot veertien dagen, te zamen of afzonderlijk.

Art. 144.

Ieder, die rantsoenen, welk zijn verstrekt aan immigranten van wege de plantage of grond, alwaar de verkooper gecontracteerd is, koopt of verkoopt, wordt gestraft met geldboete van één tot tien gulden en bij herhaling met geldboete van tien tot vijf en twintig gulden en gevangenisstraf, met of zonder gedwongen tewerkstelling, van één tot veertien dagen, te zamen of afzonderlijk.

Wegens het koopen of verkoopen van gereedschappen, die gratis verstrekt zijn of nog niet door den verkooper afbetaald, wordt dezelfde straf toegepast.

Art. 145.

Ieder immigrant, die het hem bij zijne aankomst in de kolonie uitgereikte bewijs van inschrijving zoek maakt of vernielt, wordt gestraft met geldboete van één tot drie gulden.

Art. 146.

Ieder immigrant en ieder op eene plantage of grond gevestigde arbeider, wiens woning in zulk een onreinen staat wordt bevonden dat er nadeelen voor de gezondheid kunnen ontstaan, of die verzuimt binnen den door den agent-generaal, den districts-commissaris, den geneeskundigen inspecteur, den districts-geneesheer of de politie te bepalen termijn en volgens hunne aanwijzing datgene op te ruimen en weg te voeren, wat zich in of nabij zijne woning of elders door zijn toedoen voor de gezondheid schadelijk mogt bevinden, wordt gestraft met eene geldboete van drie tot vijf en twintig gulden.

Art. 147.

De huurders van dienstboden, werk-, ambachts-, of zeelieden, — laatstgemelden alleen voor wat betreft schepen en vaartuigen bedoeld bij art. 724 van het Wetboek van Koophandel, — van arbeiders op plantages of gronden en in het algemeen van personen, die hunne diensten voor een tijd of voor eene bepaalde onderneming hebben verbonden, die niet voldoen aan de voorwaarden met dezen bij overeenkomst bedongen of aan de wettelijk hun opgelegde verpligtingen, worden, bijaldien op de overtreding bij geene andere verordening straf is gesteld, gestraft met eene geldboete van vijf en twintig tot vijfhonderd gulden, onverminderd de schadeloosstelling door den regter toe te kennen, indien daartoe termen bestaan.

Art. 148.

Een ieder, die schuldig bevonden wordt aan het des bewust tewerkstellen van een of meer bij een ander in huur zijnden arbeider of arbeiders wordt gestraft met eene geldboete van vijf gulden per dag en per hoofd voor ieder aldus tewerkgestelden arbeider.

Het gezamenlijk bedrag dezer boeten zal, voor zoo veel betreft arbeiders, die geen immigranten zijn, niet meer mogen bedragen dan duizend gulden.

Art. 149.

De districts-commissaris teekent op de overeenkomsten der gehuurde arbeiders (niet immigranten) aan de werkverzuimen, die volgens de bepalingen van het contract moeten worden ingewerkt, en den duur waarmede hunne verbindtenissen dientengevolge zijn verlengd.

De gezagvoerder is verpligt een werkregister te houden, ingerigt volgens een door den Gouverneur voor te schrijven model.

Dit register wordt dagelijks bijgehouden en daarin de werkverzuimen en het overwerk der gehuurde arbeiders (niet immigranten) behoorlijk aangeteekend en omschreven.

In de eerste acht dagen van elke maand wordt een volledig extract van de voorafgaande maand door den huurder aan den districts-commissaris ingezonden.

Art. 150 [1]).

Het vrijwillig voor loon komen werken op plantages of gronden van een ander met toestemming van den huurder of den gezagvoerder, wordt geacht voor ééne week te zijn geschied, indien daaromtrent niet anders is overeengekomen.

Indien deze stilzwijgende overeenkomst is aangevangen in den loop eener week, is de arbeider verpligt tot het einde dier week te blijven arbeiden.

Zoo de bedoelde arbeider met toestemming van den huurder of den gezagvoerder gevestigd is of zich vestigt in eene woning van den huurder op de plantage of grond, en niet bedongen is, dat hij zekeren huurprijs zal betalen, wordt het er voor gehouden, dat hij zich voor den tijd van zes weken tot geregelden arbeid op die plantage of dien grond heeft verbonden, indien hetzij omtrent den duur,

---

1) Dit art. is gewijzigd bij art. 1 der Verordening van 8 September 1885, G. B. N°. 11. Het luidt thans zooals het hier is opgenomen.

hetzij omtrent den aard van den arbeid bij overeenkomst geene andere bepalingen zijn gemaakt.

De bepaling der vorige alinea is niet toepasselijk op de arbeiders, die tijdens het inwerkingtreden dezer verordening op de bedoelde wijze op eenige plantage of eenigen grond gevestigd waren, gedurende den tijd van eene maand na die in werking treding.

Zij vallen echter na het einde van dit overgangstijdperk onder het gezag van alinea 3, wanneer niet 14 dagen te voren de bij alinea 6 omschreven opzegging heeft plaats gehad.

De huurder is verpligt te zorgen voor een geschikte woning ten behoeve van den volgens de 3e alinea van dit artikel verbonden arbeider.

De huurder is bovendien verpligt den arbeider in dit artikel bedoeld dagelijks, zon- en feestdagen uitgezonderd, een volle taak te verschaffen en wekelijks het loon uit te betalen.

Het loon van den arbeider zal, indien partijen daaromtrent niet zijn overeengekomen, worden berekend volgens Gouvernements tarief van 12 Maart 1861 (G. B. N°. 1).

Art. 150bis 1).

Overeenkomsten van niet-immigranten tot arbeid als bedoeld aan het slot der 3e alinea van art. 150, welke bestemd zijn om langer dan zes weken te werken zijn nietig, wanneer zij niet schriftelijk zijn aangegaan ten overstaan van den districtscommissaris van het betrokken district of van een ambtenaar uitoefenende de notarieele praktijk.

Art. 151 2).

Alle personen, die hunne diensten voor een tijd of voor eene bepaalde onderneming hebben verbonden, en zich schuldig maken aan onwil om te werken of verzet met woorden, dreigementen of gebaren tegen huurders, gezagvoerders of degenen,

---

1) Dit artikel is nieuw. Het werd vastgesteld bij art. 2 der Verordening van 8 September 1885, G. B. N°. 11.

2) Het tweede lid is aan dit artikel toegevoegd bij art. 5 der Verordening van 30 December 1892, G. B. 1893 N°. 1.

die deze personen vertegenwoordigen, worden gestraft met geldboete van drie tot vijf en twintig
gulden en gevangenisstraf, met of zonder gedwongen tewerkstelling, van één dag tot zes weken, te
zamen of afzonderlijk.

De bepaling van het eerste lid is niet toepasselijk indien de „dreigementen" als zoodanig in eene
zwaardere strafbepaling vallen.

Art. 152.

De in het vorig artikel bedoelde personen, die
de dienst, het werk of de onderneming, waarvoor
zij zich verbonden hebben, willekeurig verlaten of
in eenig ander opzigt, dan in art. 150 en het volgend artikel is omschreven, niet voldoen aan de
voorwaarden bij overeenkomst bedongen of aan de
wettelijk hun opgelegde verpligtingen, worden gestraft met geldboete van drie tot vijftig gulden en
gevangenisstraf, met of zonder gedwongen tewerkstelling, van drie dagen tot twee maanden, te zamen
of afzonderlijk.

Art. 153.

De in art. 151 bedoelde personen, die zich schuldig maken aan dronkenschap gedurende de werkzaamheden of in dienst, luiheid of het zonder pas
van den gezagvoerder verlaten van de plantage of
den grond, tot den arbeid waarop zij gehuurd zijn,
in de gevallen waarin zulk een pas volgens algemeene verordening wordt vereischt, worden gestraft
met geldboete van één tot vijf en twintig gulden.

Indien de schuldige binnen het laatste jaar
wegens deze of de in de artikelen 65 en 66 omschreven overtredingen is veroordeeld, kan in plaats
van de geldboete gevangenisstraf, met of zonder
gedwongen tewerkstelling, van één tot zes dagen
worden opgelegd.

Art. 154.

De in art. 151 bedoelde personen, die gedurende
den tijd dat zij bij overeenkomst zijn verbonden,
getracht hebben de kolonie te verlaten, of haar
verlaten zullen hebben, worden gestraft met geldboete van tien tot honderd gulden en gevangenis-

straf, met of zonder gedwongen tewerkstelling,
van veertien dagen tot zes maanden, hetzij te
zamen of afzonderlijk.

Art. 155.

Allen, die de in art. 151 bedoelde personen tot
onwil om te werken of andere overtredingen der
voorgaande artikelen dezer afdeeling, nl. 143, 144,
145, 151, 152, 153, 154 hebben opgezet, hun behulpzaam zijn geweest of middelen hebben verstrekt tot het willekeurig verlaten van de dienst
of van de kolonie, zullen worden gestraft met
geldboete van vijftig tot vijfhonderd gulden en gevangenisstraf, met of zonder gedwongen tewerkstelling, van één tot zes maanden, te zamen of afzonderlijk.

Art. 156.

De in art. 151 bedoelde personen, die moedwil-
lig gereedschappen, machinerien of andere voor-
werpen, aan hunne huurders, gezagvoerders of
degenen, die deze personen vertegenwoordigen,
toebehoorende, beschadigen of vernielen, worden
gestraft met geldboete van tien tot honderd gulden
en gevangenisstraf, met of zonder gedwongen
tewerkstelling, van veertien dagen tot zes maanden,
te zamen of afzonderlijk, en zulks behoudens de
schadevergoeding, die op hun loon kan gekort
worden, op de wijze door den regter te bepalen.
Indien de beschadiging of vernieling tengevolge
van onachtzaamheid of nalatigheid heeft plaats gevonden, wordt zij gestraft met gevangenisstraf, met
of zonder gedwongen tewerkstelling, van drie dagen
tot twee maanden en geldboete van vijf tot vijf
en twintig gulden, te zamen of afzonderlijk, behoudens de schadevergoeding, zooals is vermeld.

Art. 156bis [1]).

Alle personen die voor loon werken op plantages, gronden, placers of andere ondernemingen,
die zich jegens arbeiders op dezelfde onderneming

1) Dit artikel is ingevoegd bij art. 6 der verordening van
30 December 1892, G. B. 1893 N°. 1.

werkzaam of jegens hunne huurders, gezagvoerders
of degenen, die deze personen vertegenwoordigen,
schuldig maken aan poging tot het toebrengen
van kwetsuren of slagen, worden gestraft met gevangenisstraf, met of zonder gedwongen tewerkstelling, van drie dagen tot drie maanden en geldboete van tien tot honderd gulden, te zamen of
afzonderlijk.

Met dezelfde straf worden gestraft huurders,
gezagvoerders of degenen, die deze personen vertegenwoordigen, die zich aan de in het eerste lid
omschreven poging schuldig maken jegens hunne
arbeiders.

1895.   N°. 48.

GOUVERNEMENTSBLAD DER KOLONIE SURINAME

VERORDENING

van 20 Augustus 1895,

houdende toepasselijkverklaring van de verordening van 9 October 1890 (G. B. N°. 35) op de immigranten uit Nederlandsch-Indië die hunne werkovereenkomsten vervuld hebben.

IN NAAM DER KONINGIN!

DE GOUVERNEUR VAN *SURINAME*,

In overweging genomen hebbende dat het wenschelijk is de verordening van 9 October 1890 (G. B. N°. 35) toepasselijk te verklaren op immigranten uit *Nederlandsch-Indië* die hunne werkover-eenkomsten vervuld hebben;
Heeft, den Raad van Bestuur gehoord, na verkregen goedkeuring der Koloniale Staten, vastgesteld onderstaande verordening:

Artikel 1.

De verordening van 9 October 1890 (G. B. N°. 35) *houdende bepalingen betreffende de op plantages en gronden werkende en gevestigde Britsch-Indische immigranten, die hunne werkovereenkomsten vervuld hebben,* is van toepassing op de immigranten uit Java en Madura aangevoerd onder genot van premie krachtens het besluit van 3 April 1889 (G. B. N°. 10) en op de immigranten door tusschenkomst van het Gouvernement uit Nederlandsch-Indië aangevoerd.

Art. 2.

Deze verordening treedt in werking met den dag harer afkondiging.

Gegeven te Paramaribo, den 20sten Augustus 1895.

T. A. J. VAN ASCH VAN WIJCK.

De Gouvernements-Secretaris,

TONCKENS.

Uitgegeven 15 November 1895.

De Gouvernements-Secretaris,

TONCKENS.

B. KOLONISATIE.

1863.   N°. 23.

PUBLICATIE

van den 1sten Augustus 1863,

regelende de voorwaarden, waarop de vestiging van personen of gezinnen als landbouwers in de kolonie Suriname zal kunnen plaats hebben.

IN NAAM DES KONINGS!

DE GOUVERNEUR DER KOLONIE *SURINAME,*

Allen, die deze zullen zien of hooren lezen, Salut! doet te weten:

In overweging hebbende genomen dat ter uitvoering van de wet van 8 Augustus 1862, (Staatsblad N°. 164, Gouvernements-blad N°. 6), *houdende opheffing der slavernij in de kolonie Suriname,* het noodig geoordeeld is eenige bepalingen vast te stellen tot regeling der voorwaarden waarop de vestiging van personen of gezinnen als landbouwers zal kunnen plaats hebben, alsmede der ondersteuning welke zij van wege het Bestuur genieten zullen;

Den Kolonialen Raad gehoord;

Heeft goedgevonden en verstaan:

Krachtens de daartoe verleende magtiging des Konings, te bepalen, gelijk geschiedt bij deze:

Artikel 1.

Aan Europesche landverhuizers, voorzien van goede getuigschriften, komende met het doel om zich voor eigen rekening als landbouwers in de kolonie te vestigen en met den landbouw onledig te houden, zullen de tot dat einde vereischte gronden uit 's lands domein worden aangewezen, naar gelang der middelen waarover zij, ter bereiking van dat doel beschikken kunnen.

Art. 2.

De aldus aangewezen gronden worden aan de in art. 1 genoemde landverhuizers in gebruik af-

gestaan en gedurende zes jaren zullen zij ze kunnen bebouwen, met vrijstelling van grondlasten en
personele belasting.

Na het verstrijken van twee jaren het bewijs
leverende, dat zij het land geregeld bebouwd hebben, zullen hun gratis worden uitgereikt de titels
van eigendom, alsmede hun burgerbrief, bij aldien
zij vroeger het burgerregt niet verkregen mogten
hebben.

Vóór dien tijd, ten gunste van derden, over die
gronden willende beschikken, zullen zij daartoe
eerst de toestemming van het Bestuur moeten vragen en deze verkregen hebbende, zal de nieuwe
bezitter in de voorregten treden, welke bij dit
artikel aan zijnen voorganger verzekerd waren.

Indien het echter overtuigend blijken mogt, dat
zij, binnen twee jaren na hunne vestiging het
land niet behoorlijk in cultuur hebben gebragt of
de weilanden woest hebben laten liggen, zal het
bestuur geregtigd zijn daarover naar goed vinden
te beschikken.

Art. 3.

Immigranten welke hun contract getrouw vervuld hebben en van een bewijs van goed gedrag
voorzien zijn, alsmede vrijgegevenen, welke om
hunne goede hoedanigheden, ingevolge art. 20 der
wet van 8 Augustus 1862 (Staatsblad N°. 164,
G. B. N°. 6) van het staatstoezigt ontheven zijn,
worden ten deze gelijk gesteld met de landverhuizers bij art. 1 bedoeld.

Art. 4.

Het koloniaal Bestuur is bevoegd dezelfde voorregten toe te kennen aan andere dan Europesche
landverhuizers, welke met een gelijk doel verlangen zich in de Kolonie te vestigen en voorzien
zijn van goede aanbevelingen afgegeven of gewaarmerkt door Nederlandsche Consuls.

Art. 5.

De in artt. 1 en 3 genoemde landverhuizers,
zullen zich ter verkrijging der door hen verlangde
gronden vervoegen tot den Inspecteur der domei-

nen, van de nijverheid en den landbouw, die een afzonderlijk register houdt van de hier bedoelde landbouwers, ten einde op den behoorlijken tijd de voorstellen te doen, voortvloeijende uit de bepalingen vervat in art. 2.

Art. 6.

De aanwijzing der gronden en later de uitreiking der bewijzen van eigendom, als ook van den burgerbrief, hebben plaats zonder betaling van eenige regten of kosten.

Art. 7.

Het koloniaal Bestuur is bevoegd, kleine voorschotten te geven aan de kolonisten, die zich onder de bepalingen dezer verordening komen vestigen of die bereids in *Suriname* gevestigd zijn, mits zij genoegzaam van hun zedelijk gedrag en van arbeidzaamheid doen blijken.

Voor zooveel noodig wordt jaarlijks eene voor dit doel bestemde som op de begrooting voor de kolonie *Suriname* uitgetrokken.

En zal deze op de gebruikelijke wijze worden afgekondigd en in het Gouvernements-blad opge-nomen.

Paramaribo, den 1sten Augustus 1863.

VAN LANSBERGE.

Ter ordonnantie van den Gouverneur,
De Gouvernements-Secretaris,
E. A. VAN EMDEN.

Gepubliceerd den 3den Augustus 1863.
De Gouvernements-Secretaris,
E. A. VAN EMDEN.

1895.   N°. 24.

GOUVERNEMENTSBLAD DER KOLONIE SURINAME.

VERORDENING

van 19 April 1895,

houdende bepalingen tot bevordering van de vestiging van immigranten als kolonisten in de kolonie.

IN NAAM DER KONINGIN!

DE GOUVERNEUR VAN *SURINAME*,

In overweging genomen hebbende, dat het in het belang der Kolonie wenschelijk is, de vestiging van immigranten als kolonisten in de kolonie te bevorderen;

Heeft, den Raad van Bestuur gehoord, na verkregen goedkeuring der Koloniale Staten, vastgesteld onderstaande verordening:

Artikel 1.

Aan door tusschenkomst van het koloniaal Gouvernement aangevoerde immigranten, die hun contract getrouw vervuld hebben en van een bewijs van goed gedrag zijn voorzien, aan wie hetzij op den voet der Publicatie van 1 Augustus 1863, G. B. N°. 23, hetzij op daartoe door het Gouvernement ingerichte vestigingsplaatsen, na 20 Augustus 1894 grond in gebruik is afgestaan en die daardoor het bedongen recht op vrije terugreis naar het land hunner herkomst hebben verloren, wordt, wanneer zij dit verlangen, ten laste van de koloniale kas vrije terugreis verschaft op denzelfden voet en in gelijken omvang als zij daarop vroeger recht hadden krachtens algemeene verordening of krachtens de met hen door het koloniaal Gouvernement gesloten overeenkomst.

Art. 2.

Immigranten, aan wie op daartoe door het Gouvernement ingerichte vestigingsplaatsen grond in gebruik is afgestaan, zullen dien gedurende 6 jaar kunnen bebouwen, met vrijstelling van grondlasten en personeele belasting.

De bepaling van art. 7 der Publicatie van 1 Augustus 1863, G. B. N°. 23, is op hen toepasselijk.

Art. 3.

De in art. 1 bedoelde immigranten, die den hun afgestanen grond ten genoegen van het Bestuur hebben bebouwd en afstand doen van het recht op vrije terugreis, hun in dat artikel toegekend, ontvangen uit de koloniale kas een premie van een honderd gulden.

Art. 4.

Op de ingevolge de bepalingen dezer verordening op te maken stukken zijn geen rechten of kosten ten bate der koloniale kas verschuldigd.

Art. 5.

Deze verordening treedt in werking op den dag harer afkondiging.

Gegeven te Paramaribo, den 19den April 1895.

T. A. J. VAN ASCH VAN WIJCK.

De Gouvernements-Secretaris,

TONCKENS.

Uitgegeven, 4 Juli 1895.

De Gouvernements-Secretaris,

TONCKENS.

CPSIA information can be obtained at www.ICGtesting.com
Printed in the USA
BVOW02s1434250516

449536BV00020B/135/P